끌리는 컨셉의 법칙

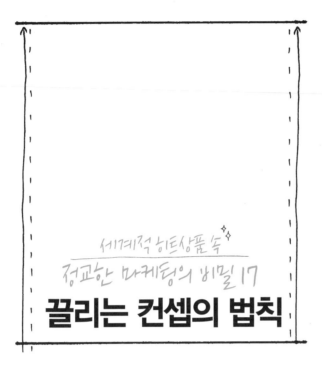

세계적 히트상품 속
정교한 마케팅의 비밀 17

끌리는 컨셉의 법칙

김근배 지음

중앙books

컨셉, 어떻게 접근할 것인가

"컨셉을 개발해야 하는데 어디서부터 시작해야 할지, 어떻게 해야 할지 막연합니다."

필자에게 자주 물어온 기업 실무자들의 하소연입니다. 이런 문제를 화두로 삼아 씨름해온 지 20년이 흘렀고 그 결과 2009년에 《컨셉크리에이터》를 세상에 내놓았습니다. 그러던 중 세리CEO에서 필자의 책 《컨셉크리에이터》로 동영상 강의를 진행하자는 제의를 받았습니다. 기업에서 개발한 좋은 제품을 많은 사람들에게 알리기 위해 고군분투하는 분들에게 컨셉의 중요성을 알릴 수 있는 좋은 기회라 생각하고 진행했습니다. 2013년 9월부터 2014년 6월까지 세리CEO에서 '끌리는 컨셉의 법칙'이란 제목으로 13번의 동영상 강의를 진행했습니다. 이 중 몇 개의 강의는 주간 베스트와 월간 베스트로 선정될 정도로 큰 관심을 끌었습니다.

강의를 바탕으로 한 콘텐츠와 추가로 수집한 다양한 마케팅 사례, 한국 실무자들의 현장 피드백을 담아 《끌리는 컨셉의 법칙》

이라는 책으로 펴내게 되었습니다. 이 책은 컨셉 개발과 관련한 17개의 법칙과, 이 법칙을 동서양 철학의 관점으로 해석한 '컨셉 카페'로 구성되어 있습니다. 세리CEO에서 강의한 12개의 법칙에 5개의 법칙을 추가해 총 17개 법칙으로 완성했습니다.

이 책은 컨셉의 법칙을 다루었으면서도 다양한 컨셉의 사례를 모아놓은 사례집이라 할 수 있습니다. 또한 마케팅을 통해 세상을 바라보는 교양서이기도 합니다. 필자는 컨셉의 사례와 법칙을 인문학적 관점에서 설명했습니다. 현장에서 발로 뛰는 독자들이 인문학적 관점에서 마케팅에 접근하는 안목과 통찰을 갖게 되길 바라는 마음에서 이 책을 집필했습니다. 이 책을 통해 주위에서 일어나는 세상사로부터 마케팅에 적용할 통찰을 얻을 수 있는 지혜를 독자들이 갖게 되기를 기대해봅니다.

필자는 인문학을 마케팅에 적용할 경우 기존의 마케팅 이론에서 설명하는 것보다 더 이해하기 쉽고 효과적이라고 생각해왔습니다. 인간의 문제를 근원적이면서 다각도에서 고민하는 것이 인문학인데, 마케팅 역시 인간을 다루기 때문입니다. 기존 사회과학에서 채택하고 있는 실증주의는 사실 인문학에서 제공하는 많은 통찰들을 간과할 수밖에 없습니다. 상징이나 비유처럼 실생활에서는 광범하지만 실증적 방법으로 다룰 수 없는 인간사의 주제는 너무나 많습니다. 그리고 어떤 통찰은 실증하지 않아도 명백한 것들이 있습니다.

《한비자》에 '정인매리鄭人買履'라는 고사가 있습니다. 정나라 사람이 신발을 사러 가려고 집에서 하얀 종이 위에 발을 그려 놓았습니다. 신발가게에 도착했을 때 발을 그린 그림을 놓고 왔다는 것을 알고 집으로 돌아가려 합니다. 신발가게 주인이 발이 있는데 발을 그린 그림이 왜 필요하냐고 묻습니다. 실증적 검증이라는 벽에 부딪혀 유용성이 좋은 통찰들을 외면하기엔 현실의 고민은 넓고도 깊다는 점을 말씀드리고 싶습니다. 실증주의가 문제가 아니라 지나친 실증주의가 문제라는 점을 밝혀둡니다.

이 책의 구성 중 강의 방송분에 해당하는 법칙 설명은 흥미로운 국내외 사례가 소개되어 쉽게 이해할 수 있습니다. 그러나 이를 해설한 컨셉카페는 마케팅을 처음 접하는 독자들에겐 다소 어렵게 느껴질 수도 있습니다. 마케팅 배경지식이 없는 독자는 법칙 편을 먼저 읽은 후 처음으로 돌아와서 컨셉카페를 읽으셔도 좋습니다. 마케팅에 대한 지식이 많은 독자는 책의 중간에 있는 '컨셉큐빅의 탄생'과 마지막 '요약'을 먼저 읽고 시작하셔도 좋겠습니다.

이 책이 나오기까지 많은 분들의 도움을 받았습니다. 우선 세리CEO의 최은진 피디에게 고마움을 전합니다. 이 책에 담긴 많은 내용들은 최 피디의 손을 거치면서 읽기 쉽게 다듬어졌습니다. 책에 소개한 많은 사례들은 기업 실무자들의 직간접 도움을 받았습니다. 회사를 자문하면서 맺은 인연을 계속 이어오고 있는 안창언 님, 유광렬 님, 홍성일 님, 학교 강의나 외부 강의를 통해 친분을 쌓게 된 이영렬 님, 유병권 님, 김기덕 님, 조원익 님, 오석진 님, 임순희 님, 황호연 님께 감사드립니다. 특히 이영렬 님은 정기적으로 등산하면서 많은 의견을 주었습니다. 이 책의 원고 정리와 자료 수집을 도와준 제자 이민영, 이나리, 공문영, 이상진 제군들에게도 고마운 마음을 전합니다. 마지막으로 출판 기회를 준 중앙북스 관계자와 좋은 편집으로 책을 빛나게 해준 이한나 님께도 감사드립니다.

필자의 삶에서 에너지와 동감의 두 원천인 가족과 제자들에게 이 책을 바칩니다.

2014년 12월

김근배

차례

13

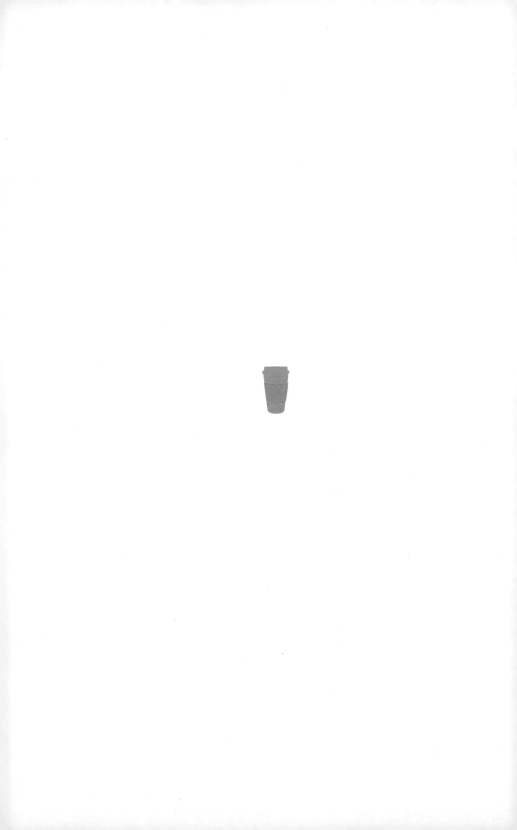

법칙 0

왜 컨셉인가?

열등한 제품이
우월한 제품을 이길 수 있지만
열등한 컨셉은
결코 우월한 컨셉을 이길 수 없다.

프로스펙스의 워킹화 W는 출시 4년 만에 누적 판매량이 470만 족을 돌파했습니다. 시장에선 10만 족만 팔아도 '히트제품'이라고 하니 그야말로 '대박'을 친 제품이었죠. 이 제품 덕에 한동안 나이키와 아디다스, 리복 같은 글로벌 브랜드에 밀려 설 곳을 찾지 못했던 '대한민국 토종 운동화 브랜드' 프로스펙스는 화려하게 부활할 수 있었습니다.

실제로 W가 출시되기 전인 2007년도 프로스펙스의 매출은 1,674억 원에 불과했습니다. 그러던 것이 W 출시 이후인 2009년에는 2,250억 원으로 늘었고, 2012년에는 매출 3,000억 원을 기록했습니다. 더욱 놀라운 건 이 하나의 히트상품이 '워킹화 시장' 전체의 규모를 키워놓았다는 사실입니다. W의 성공에 힘입어 다른 경쟁 브랜드들도 잇따라 워킹화를 출시했습니다. 워킹화 시장은

사진: 프로스펙스

프로스펙스 W |

2010년 6,000억 원으로 성장하고 2012년에는 1조 원을 돌파했는데요, 5년 전인 2007년의 10배나 커진 규모였습니다. 도대체 이런 일이 어떻게 가능했던 걸까요? 아마 많은 분들이 W가 성공한 이유를 '김연아'라는 광고모델의 힘으로 생각하실 수 있습니다. 하지만 그것이 전부일까요?

같은 제품 다른 컨셉, 하기스의 역전 드라마

W 광고에서 김연아 선수는 이 신발을 신고 트랙을 뛰는 것이 아니라, 거리를 걷고 있습니다. 그렇습니다. 프로스펙스는 "걸을 때는 운동화 대신 워킹화를 신으세요"라는 구호를 내세우며 '워킹화'라는 새로운 키워드로 W를 출시했습니다. 이전에도 마사이 신발 같은 기능성 제품이 존재하긴 했습니다. 하지만 프로스펙스의 W처럼 전체 시장을 '러닝화 대 워킹화' 구도로 의도적으로 구분한 제품은 없었습니다. 아무 생각 없이 러닝화를 신고 워킹을 하던 사

람들은 하나둘 워킹화를 신기 시작했고, 요즘엔 힐을 벗어던지고 워킹화로 출퇴근하는 '운동화를 신은 도시 여성'들도 쉽게 만날 수 있게 되었습니다.

다음 기저귀 사진은 유한킴벌리의 '하기스 매직팬티'입니다. 온·오프라인을 포함해 시장점유율 65퍼센트가량으로 유한킴벌리를 대표하는 효자상품인데요. 유한킴벌리의 모회사인 미국 킴벌리 클라크가 개발해 대대적인 성공을 거둔, 이른바 '입는 기저귀'의 한국 출시를 결정한 건 1993년이었습니다. '배변 연습용'이란 꼬리표가 붙어 미국에서 워낙 성공을 거둔 데다, 킴벌리 클라크 마케터의 권유도 강력했기 때문에 유한킴벌리는 한국시장에서도 '배변 연습용'이란 꼬리표 그대로 출시했습니다.

결과는 어땠을까요? 안타깝게도 실패였습니다. 1993년에 풀업스란 브랜드로, 1997년에 토들러란 브랜드로 유한킴벌리는 두 번이나 이 입히는 기저귀를 시장에 내놓았지만 두 번 모두 실패를 맛봤습니다.

하지만 2005년 11월, 유한킴벌리는 '입는 기저귀'를 다시 한 번 출시했습니다. 그리고 결국 세 번째 도전 만에 전체 기저귀 시장의 14퍼센트에 달하는 시장점유율을 기록하며 '역전 드라마'의 주인공이 되었습니다. 무엇이 달라졌던 걸까요?

기저귀를 출시하며 '배변 연습용'이라는 꼬리표를 떼고, '걷는 아기용'이라는 전혀 다른 꼬리표를 붙인 것이 핵심입니다. 사실 국

내에선 '배변 연습'이란 단어 자체가 낯설고 생소한 개념입니다. '배변 연습'의 필요성조차 그다지 못 느끼던 한국 엄마들에게 '배변 연습용' 꼬리표는 별다른 어필을 하지 못했던 것이죠. 그 대신 '걷기 시작하면 입히세요!'라는 광고 카피를 통해 '걷는 아기용'이란 새로운 꼬리표를 붙이자 반응이 확 달라졌습니다. '팬티처럼 입히고 간편하게 벗기는 장점'이야말로 한국 엄마들이 바라마지 않았던 장점이었습니다.

일본 슈퍼에 혜성처럼 나타난 두부

최근에 남이섬에 가보신 적 있으십니까? 아니, '나미나라공화국'에 가본 적 있으신가요? 드라마 〈겨울연가〉로 유명해진 남이섬은

2006년 3월 1일, 삼일절 날 '나미나라공화국'으로 독립을 선언했습니다. 나미나라공화국의 독립선언문도 있습니다.

"우리는 나라를 세웁니다. 노래의 섬 남이섬에 동화나라를 세웁니다. 동화同化되고 동화同和되어 동화童話를 쓰고 동화童畵를 그리며 동화動畵처럼 살아가는 동화세계를 남이섬에 만듭니다."

이처럼 국가 개념을 표방하는 동화세계로 운영될 것을 선언한 남이섬, 아니 나미나라공화국은 내각책임제로 운영되고, 국방부 장관과 외교부 장관, 환경청장 등의 내각은 국적을 초월한 다양한 국가의 사람들로 임명됩니다.

다음의 사진은 바로 나미나라공화국의 국기입니다. 이외에도 독자적인 여권과 화폐, 전화카드도 있습니다. 나미나라와 외교관계를 맺은 나라의 국민에게는 비자를 면제해주는 제도도 실시하고 있습니다. 적자투성이에 그저 먹고 마시고 흥청대는 장소일 뿐이었던 남이섬을 맡은 강우현 대표는 기발한 아이디어로 남이섬을

나미나라공화국 국기 |

새로운 개념의 유원지로 탈바꿈시킵니다.

남이섬은 이제 한 해 동안 외국인 50만 명이 찾는 '국제적인 관광지'로 바뀌었습니다. 남이섬이 이렇게 인기를 끈 이유를 단지 '겨울연가' 때문으로 생각할 수도 있습니다. 그렇지만 드라마 방영 당시 반짝 인기를 끌었다가, 드라마 종영 후 급격하게 인기가 시들 해진 여타 관광지들을 떠올려보면 꾸준히 남이섬을 찾는 관광객이 늘어나고 있다는 사실은 정말 고무적인 현상입니다.

운동화와 기저귀 그리고 남이섬이 성공을 거둔 비결은 한 가지 단어로 요약될 수 있는데요. 그 단어를 소개해드리기 전에 또 다른 사례를 소개해드릴까 합니다. 바로 '오토코마에 두부男前豆腐'입니다. '오토코마에 두부'는 2005년 일본 두부시장에 혜성처럼 등장해, 출시 2년 만인 2006년 매출 40억 엔을 돌파하고, 그해 닛케이 트렌디 선정 일본 10대 히트상품에 당당히 이름을 올렸습니다.

'오토코마에 두부'란 다름 아닌 '남자다운 두부'라는 뜻인데요. 두부에도 남다른 철학이 필요하다고 생각한 중소기업 두부회사 사장님이 궁리해낸 것이 바로 '남자다운 두부'였습니다. 두유 농도를 높여 훨씬 고소하고 진한 맛을 냈고, 포장지에는 큼지막한 검은색으로 '사내 남男'자를 써넣어 '배신하지 않는다!'라고 광고를 진행한 이 특이한 두부는 일반 두부의 세 배나 되는 가격임에도 불타나게 팔렸습니다.

오토코마에 두부 |

소비자는 컨셉을 구입한다

운동화와 기저귀와 남이섬, 두부. 여러분, 이 네 가지 상품의 성공을 꿰뚫는 하나의 키워드, 감이 오시나요? '운동화와 기저귀와 섬과 두부'가 아니라 '워킹화', '걷는 아기용 기저귀', '나미나라공화국', '남자다운 두부'라고 바꾸어 부르면 아마 답이 보이실 겁니다.

그렇습니다. '한물간 브랜드'로 위기를 맞았던 스포츠화 브랜드가 화려하게 부활한 것도, 두 번이나 실패한 기저귀가 시장을 지배하게 된 것도, 적자에 허덕이던 '유원지'가 매년 200만 명 이상이 방문하는 '관광섬'으로 변신한 것도, '오토코마에 두부'가 두부시장의 높은 진입장벽을 거침없이 허물어버린 것도 모두 다 '컨셉'의 힘입니다.

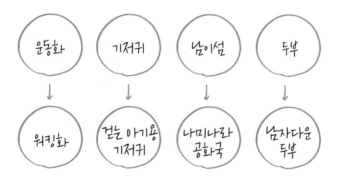

요새는 TV 예능 프로그램에서도 출연자들끼리 "오늘 컨셉이 뭐야?", "이번에 개편된 프로그램은 뭔가 컨셉이 부족한 것 같다" 등의 말을 하곤 합니다. 특히나 마케팅에서의 컨셉은 '다른 제품이아닌 바로 이 제품을 사야 할 이유'를 소비자에게 제시하여 구매동기를 자극하는 것이라고 할 수 있습니다.

사야 할 이유란 제품이나 서비스가 소비자에게 제공하는 차별화된 가치를 담고 있습니다. 이 책에선 바로 이 이야기, '마케팅에서의 컨셉' 이야기를 해보려고 합니다. 뛰어난 컨셉 뒤에는 어떤숨겨진 법칙이 있는지 하나하나 소개해드리겠습니다.

업계에 전해오는 말을 하나 소개해드리겠습니다. "열등한 제품이 우월한 제품을 이길 수 있지만, 열등한 컨셉은 결코 우월한 컨셉을 이길 수 없다." 소비자는 제품이나 서비스에 반응하는 것이아니고, 컨셉에 끌려 구매를 하게 되는 것입니다.

왜 소비자가
이 제품을 구입해야 하는가

철학자 쇼펜하우어가 인간의 행동에 이유(동기) 없는 행동은 없다고 했습니다. 그는 이 세상엔 세 가지 인과성의 형식이 있는데 사물세계에서는 '원인과 결과', 식물세계에서는 '자극과 반응', 그리고 동물세계에서는 '동기와 행동'이라고 합니다. 마치 사물에는 원인에 따른 결과가 존재하듯이 동기와 행동은 인과관계처럼 작용한다는 것이죠. 그리고 인간세계에서 동기와 행동을 매개하는 것은 인식이라는 것입니다.[1]

이러한 프레임을 마케팅에 적용시켜보면 컨셉과 관련한 통찰을 얻을 수 있습니다. 마케팅 상황에서는 동기는 구매동기이고 인식은 소비자 인식이고 행동은 구매행동이 됩니다.

동기(이유) ⟶ 인식 ⟶ 행동

구매동기 ⟶ 소비자 인식 ⟶ 구매행동

소비자 인식은 컨셉과 물리적 제품에 대한 경험이 결합하여 일어나게 됩니다. 컨셉은 사야 할 이유인 구매동기를 자극하게 되고 이것이 구매행동을 유도하는 것입니다. 즉 마케터는 사야 할 이유인 컨셉을 제시하고 소비자의 구매동기가 이것과 일치하면 구매행동으로 이어지는 것입니다. 소비자 인식은 다름 아닌 브랜드 이미지입니다. 이는 제품과 상표가 합쳐진 브랜드에 대한 감각적 경험이 컨셉과 결합하여 형성됩니다.

구매동기 ⟶ 소비자 인식 = 브랜드 이미지 ⟶ 구매행동
　　　　　　　　↑
　　　　제품과 상표 + 감각적 경험

컨셉으로 사야 할 이유를 제시한다고 했는데 사야 할 이유가 의미와 가치를 제공합니다. 쇼펜하우어를 가장 존경했던 니체는 "왜 사는지를 아는 사람은 어떤 고난도 이겨낼 수 있다. 인간은 죽자 사자 행복만 찾아 헤매지는 않는다"고 했습니다.[2] 인간은 물질적 행복을 넘어 정신적 의미와 이유를 추구하면서 산다는 이야기입

니다.

입히는 기저귀의 사례에서 하기스는 배변 훈련용이 아닌 걷는 아기용으로 바꾸어 한국에서 성공했습니다. 배변 훈련용은 미국 엄마에게는 의미와 가치가 있었지만 한국 엄마에게는 그렇지 못했습니다. 미국에서는 부모가 아이를 독립된 자아로 키우는 것에 가치를 두어 어린 시기에 배변 훈련을 시킬 때 편리한 제품이었지만, 한국 엄마들에게 이런 편리함은 큰 의미가 없었습니다. 한국 엄마들은 아이를 곁에 두고 서로 교감하는 것에 더 가치를 두었기에 배변 훈련용이란 컨셉은 한국 엄마들에게는 큰 의미가 없었고 사야 할 이유도 없었던 것입니다.

인간의 인식은 언어 구속적이고 상징에 의해 영향을 받습니다. 그래서 소비자 인식에 해당하는 브랜드 이미지도 언어와 감각기호가 결합하여 형성됩니다. 앞서의 두부 사례에서도 남자다운 두부를 만든 회사에서는 제품을 차별화하려고 형태도 바꾸고 재료의 질도 높였으나 모두 실패하였습니다. 컨셉 없이 물리적 제품의 개선만으로는 맛이 달라졌다는 인식이 쉽게 일어나지 않기 때문입니다.

그러나 '남자다운 두부'라는 브랜드컨셉을 만들고 이에 따라 포장지에도 크게 男子를 써넣자 소비자 인식에서 다른 두부와 차별화되었습니다. 그래서 차별화된 브랜드(상표)와 물리적 제품의 맛의 개선이 결합되자 맛이 달라졌다는 것을 소비자가 비로소 인식하게 되었습니다. 이전에는 물리적 제품에 차별화된 두부 맛을 부여해도 이를 담아내는 그릇에 해당하는 브랜드컨셉이 없었습니다. 그래서 소비자들은 차별화된 맛을 인식할 수 없었던 것입니다. 물리적 제품이 좋아졌다는 느낌을 소비자가 갖게 하려면 물리적 제품의 개선에 상응한 브랜드컨셉이 그래서 필요합니다.

사야 할 이유는 물리적 제품에 대한 객관적 묘사로 이루어질 수도 있습니다. "두유 농도를 높여 훨씬 고소하고 진한 맛을 낸 두부"라고 물리적 제품을 언어로 사실적으로 묘사한 경우로서 이는 제품컨셉에 해당합니다. 어떤 경우에는 상징적 표현을 통해 소비자에게 의미를 부여해야 합니다. '남자다운 두부'나 '나미나라공화국' 같은 표현으로, 이는 브랜드컨셉에 해당합니다.[3] 그리고 언어뿐 아니라 감각기호도 동시에 사용됩니다. 나미나라공화국의 국기나 여권, 화폐 등이 이에 해당합니다. 이렇게 상징적 언어 표현이나 감각기호가 합쳐져 소비자에게 사야 할 이유를 주는 것이죠.

쇼펜하우어가 살아있다면 마케터에게 충고를 해주었을 것입니다. "사야 할 이유가 있으면 사고, 이유가 없으면 안 산다. 소비자가 사게 하려면 마케터는 사야 할 이유를 적극적으로 표현하라." 이유를 적극적으로 제시하지 않으면 소비자는 지나치게 됩니다. 마케터들이 깊이 새겨보아야 할 말입니다.

마케터는 소비자가 우리 제품을 '사야 할 이유'가 되는 컨셉이 있는지 끊임없이 물어야 합니다. 과거의 컨셉이 이제는 더 이상 사야 할 이유가 되지 않았는지 스스로 물어야 합니다. 어려운 처지에 있는 경영자는 "왜 이 사업을 하는가?"를 끊임없이 물어야 합니다. 니체의 말대로 어떠한 상황에서도 해야 할 이유를 먼저 찾아야 방법도 쉽게 찾아 스스로 실천할 수 있는 것입니다. 진지한 마케터라면 "나는 왜 이런 제품을 만드나? 소비자는 왜 이런 제품을 사는가?" 하는 근본적 질문으로 마케팅을 시작해야 합니다.

마케팅 전쟁에서 컨셉은 무기와 같습니다. 스페인 정복자가 수백 명의 병력으로 잉카제국의 수만 명을 제압한 것, 명나라 장군 원숭환이 영원성에서 홍이포의 위력을 앞세워 1만 명으로 후금의 20만 명의 군대를 물리친 것, 이순신 장군이 튼튼하고 기동력 좋은 판옥선과 함포의 위력을 앞세워 23전 23승을 거둔 것은 무기의 비대칭성에 있습니다. 칼을 든 군대는 총을 든 군대와 싸워 이길 수 없습니다. 컨셉은 무기, 영업은 병력입니다. 칼을 든 영업사원과 총을 든 영업사원을 생각해보시길 바랍니다.

방치1

컨셉은 '일이관지'하게

성공하는 기업은
잠재 고객의 기억 속에
'한 단어'를
심어놓는다.

- 잭 트라우트,《마케팅 불변의 법칙》

반포에 위치한 래미안 퍼스티지 아파트는 '천년이 지나도 빛나는 곳'이란 컨셉으로 분양을 했습니다. 이 아파트에는 '천년이 지나도 빛나는 곳'을 상징하는 세 개의 상징물이 있습니다. 첫 번째는 단지 안에 있는, 경북 고령에서 가져온 수명이 1,000년이 넘는 느티나무이고, 두 번째는 1,000평의 연못입니다. 마지막 세 번째는 연못 아래에서 연못을 지키는 수호신의 상징인 1,000근 무게의 청동 해태 조각상입니다.

1,000년 수명의 느티나무와 1,000평의 연못과 1,000근짜리 청동 해태. 세 개의 상징물 모두 '1,000'이라는 숫자와 연결돼 '컨셉의 일관성'을 뒷받침하고 있는데요. '컨셉의 일관성', 이것이 바로 첫 번째 법칙입니다.

1,000년 느티나무 | 1,000평 연못 |

흐트러지지 않게 하나로 꿰어라

자세한 설명을 위해 잠깐 공자의 일화를 소개하겠습니다. '일관
성'이란 말은 《논어》의 일이관지一以貫之에서 나온 말입니다. 공자
가 어느 날 제자인 자공에게 "너는 내가 공부를 많이 해서 지식이
많은 줄 아느냐?" 하고 물었습니다. 그러자 자공은 "그렇지 않습니
까?"라고 반문했는데요. 공자는 그렇지 않다며 자신은 일이관지로
안다고 대답합니다. 이는 세상이 돌아가는 보편적인 개념을 하나
로 꿰고 있기 때문에 공부를 많이 하지 않아도 모두 다 알고 있다
는 의미입니다.

　여기서 잠깐, 컨셉의 어원을 짚어볼 필요가 있습니다. 컨셉은
con-과 -cept가 결합된 단어입니다. 먼저 'con-'은 '여럿을 하나

로'라는 의미의 접두사입니다. 예를 들어 콘테스트contest는 여럿이 함께con 치르는 시험test이고, 컨버전스convergence도 여럿이 하나로 집중된다vergence라는 의미에서 '융합'이란 뜻이 되었습니다. 컴패션compassion은 열정을 뜻하는 단어 passion과 com이 결합하여 동정이란 뜻이 됩니다(p나 t로 시작되는 단어와 결합하면 con이 com으로 바뀐다). 그런가 하면 '-cept'는 '잡다'라는 의미입니다. 농구나 축구에서 가로채기를 인터셉트intercept라고 하는데, 이는 '사이'를 의미하는 접두사 inter-와 -cept가 결합한 단어입니다.

이처럼 컨셉에는 '잡다'는 의미와 '여럿을 하나로 묶는다'라는 의미가 함축되어 있습니다. 따라서 컨셉은 곧 '여럿을 붙잡아 하나로 꿴 것'이라는 의미가 되는데요. 바로 이때, 여러 가지 잡다한 것을 꿰는 '일이관지'의 역할을 얼마나 충실히 수행하느냐에 따라 컨셉의 성공 여부가 결정됩니다. 쉽게 말해, 기획을 실행할 때 여러 갈래로 흐트러지지 않게 하나로 꿰는 역할을 충실히 수행해야 한다는 이야기입니다.

젊은이들의 욕구를 간파한 혼다의 SUV

혼다의 '엘리먼트'는 미국 혼다에서 개발해 오히려 일본에 역수입된 SUV 차량입니다. 이 자동차의 개발에 앞서 미국의 개발 담당자

혼다 엘리먼트 |

는 미국 젊은이들이 실제로 차량을 사용하는 현장을 관찰하기 위해 'X게임'을 견학했다고 합니다. 'X게임'이란 스케이트보드나 인라인스케이트, 모터사이클 등을 타고 생명의 위험을 무릅써야 할 정도로 아찔한 묘기를 선보이는 스포츠입니다.

그런데 이들 젊은이를 관찰해보니, 그들은 실컷 묘기를 부리고 나선 길게 줄지어 선 자동차 트레일러 안 소파에 누워 게임을 하거나 맥주나 음료를 마시며 여흥을 즐겼다고 합니다. 그리고 바로 이때 개발 담당자는 '몸을 움직이며 놀고 난 후 파티를 할 수 있을 만한 대형 왜건에서 기분을 내고 싶어 하는 젊은이들의 욕구'를 간파합니다. 이들에게 자동차는 곧 친구들과 즐거운 한때를 보내는 도구였던 셈이지요.

시장 조사 결과, 미국 혼다는 '바퀴 달린 대학생 기숙사dormitory on the wheel'라는 컨셉을 탄생시켰습니다. 이 같은 컨셉에 기초해 엘리먼트는 좌우 여닫이의 사이드 액세스 도어라든가, 의자를 좌우로 접어서 침대로도 쓸 수 있는 뒷좌석, 물세탁이 가능하고 방수성이 뛰어난 고무 바닥, 나일론으로 처리된 시트, 개폐식 선루프, 그리고 서핑보드까지 실을 수 있는 외관 등을 갖추었습니다. 그야말로 대학생 기숙사를 차 안에다 구현시켜놓은 겁니다.

일관성은 보통 시간적 일관성과 공간적 일관성으로 구분합니다. '공간적 일관성'이란 제품 구성요소 간의 통일성이나 일치성을 말합니다. 도어나 뒷좌석, 시트, 선루프 등에서 '대학생 기숙사' 느낌을 물씬 살린 혼다 엘리먼트나, 앞서 소개해드린 반포 래미안 퍼스티지의 천 년 된 느티나무, 천 평 연못, 천 근 청동 해태 역시 공간적 일관성을 충실하게 구현해낸 결과물입니다.

이번에는 '시간적 일관성'을 살펴볼까요? 제품이 개발되고 이것이 하나의 '브랜드(이미지)'로 자리를 잡으려면 제법 오랜 시간이 걸립니다. 그 기간 동안 컨셉의 일관성을 유지하는 건 굉장히 중요한 일입니다. 컨셉이 자주 바뀌면 브랜드(이미지)의 일관성이 결여되어 컨셉이 정립될 수 없습니다.

비가 와도 뭉치지 않는 소금

다음 그림은 세계 최대의 소금 브랜드인 모턴의 로고입니다. 장수 브랜드인 모턴 소금은 1910년부터 '비가 와도 뭉치지 않는다when

it rains, it pours'라는 핵심 편익을 일관되게 유지하고 있습니다. 모턴의 로고를 보면 우산을 쓴 소녀가 소금통을 들고 있습니다. 비가 오는 데도 소금이 쏟아지고 있는 재미있는 그림입니다. 그림을 보면 1914년도의 용기 포장부터 가장 최근의 용기 포장까지 수십 년이 지니도 동일한 컨셉을 고집하고 있다는 걸 확인하실 수 있습니다. 100년 동안 지속되어온 '어떤 일이 있어도 뭉치지 않는다'라는 모턴 소금의 컨셉이 그 긴 시간 동안 얼마나 단단하게 굳어져 소비자들의 머릿속에 각인되었을지 상상이 되실 겁니다.

이 장에서 소개해드린 끌리는 컨셉의 법칙, 그 첫 번째는 '일이관지'해야 한다는 것이었습니다. 제품의 컨셉은 공간적으로 통합되는 일관성을 가져야 하고, 동시에 오랜 시간이 지나도 통합성이 유지돼 시간적으로도 일관성이 있어야 한다고 말씀드렸는데요. '일이관지'라는 것이 원래 공자가 도달했던 단계이니만큼, 그렇게 쉽게 손에 넣기는 물론 어려울 겁니다. 하지만 이 법칙을 통해 그 중요성을 되새기는 계기가 되셨길 바랍니다.

하나를 꿰어 본배를 만들어라

컨셉은 한자로 개념概念이라고 번역합니다. 19세기 동아시아, 특히 일본에서 서양의 기술과 학문을 선구적으로 도입하면서 서양의 많은 문화어를 한자로 번역하였는데 컨셉도 그중 하나였습니다.

개념에서 개概는 평미레를 의미합니다. 옛날에 쌀가게에서는 나무로 된 쌀되에 수북이 쌀을 담은 후 평미레라는 방망이로 위를 평평하게 밀어 고르게 했습니다. 평미레를 사용하기 전 쌀을 쌀되에 담으면 균일한 한 되가 아니지만 평미레로 밀면 고르게 한 되가 되는 것이죠. 그래서 개념이란 서로 다른 것들을 '하나로 고르게' 한다는 의미가 있습니다. 개념은 결국 컨셉concept에서 주로 con을 중심으로 번역한 것입니다.

그런데 컨셉을 개념으로 번역했던 사람이 《논어》에 나오는 일이관지의 의미를 알았다면 아마 개념 대신에 일이관지로 번역하지 않았을까요. 일이관지에는 '하나로'라는 의미와 '붙잡다'는 의미가 모두 포함되어 있기 때문에 컨셉이 원래 의미하는 것과 똑같습니다. 즉 일—에는 '여럿을 하나로'란 의미가 있고, 관貫에는 '꿰뚫어 붙잡다'는 의미가 있습니다.

공자는 일이관지를 강조한 반면 서양을 대표하는 철학자 플라톤은 그의 이데아를 통해 개념적 사고의 중요성을 강조합니다. 이데아는 영어로 아이디어idea입니다. 아이디어는 관념으로 번역할 수 있는데 이 관념은 머릿속에 있는 것으로, 이것을 언어화한 것이 개념입니다. 이데아는 보이지 않는 본질이고 눈에 보이면서 변화하는 것은 잡다한 껍데기인 것입니다.

이데아가 하나라면 이를 모사模寫한 것은 여럿이 됩니다. 플라톤은 이런 이데아를 파악할 수 있는 사람이 철학자라 했습니다.[4] 이는 바로 하나로 꿰는 본질과 그리고 그 본질에 꿰어지는 잡다한 것을 파악하는 사람입니다. 그것이 철학자입니다. 그리고 경영자는 개념적 사고Conceptual Thinking를 하는 철학자가 되어야 합니다. 철학자는 플라톤의 이야기대로 본질을 추구하는 사람입니다. 특히 경영자는 위로 올라가면 갈수록 잡다한 것에 사로잡히지 않고 기업의 본질을 이해하며 그 바탕에서 모든 기업 활동을 통합하는 능력을 가져야 합니다.

삼성 이건희 회장은 일하는 데 원칙이 있다고 합니다. 우선 목적을 명확히 하는 것입니다. 보고의 목적과 결정해야 할 일을 분명히

하고 일의 본질이 무엇인지를 파악한다고 합니다. 본질을 모르고는 어떤 결정도 하지 않고, 본질이 파악될 때까지 몇 번이고 물어본다고 합니다. 일의 컨셉이 무엇인지를 확실히 한다는 것이죠. 그는 "목적과 본질 파악이 나의 역할이며, 숲을 먼저 보고 나무를 보려고 하는 노력은 나의 습관이다"라고 했습니다. 그리고 이 회장은 삼성 임직원에게 '업業의 개념'에 대해 자주 이야기한다고 합니다. 그런데 당신이 하는 '업의 개념'이 무엇이냐고 물으면 대부분 사람이 당황한다고 합니다.[5] 많은 사람이 일의 본질, 즉 업의 개념에 대해 그리 깊이 생각하지 않기 때문이죠.

개념적 사고를 하는 사람은 잡다한 것에 매달리지 않고 본질을 붙잡고 일을 함으로써 힘이 들지 않고 짧은 시간에 효율적으로 일할 수 있습니다. 그리고 이 본질에 잡다한 요소들을 꿰는 통합적 사고를 하지요. 본질 파악과 통합이 바로 개념적 사고의 특징입니다. 모든 일의 요소는 세부석 내용이 모여 전체를 이루고 있고, 그 일의 성패는 세부적인 것이 얼마나 전체와 유기적으로 연관되어 있느냐에 달려 있습니다.

구체적으로 말하면 꿰는 것con과 꿰어지는 것cept들로 이루어져 있습니다. 구슬이 서 말이라도 꿰어야 보배라는 말이 있듯이 무질서하게 흩어져 있는 것은 아무런 가치가 없고, 그것이 흩어지지 않게 꿰어 보배로 만드는 것이 일이관지의 힘이고 컨셉의 힘입니다. 개념적 사고를 하는 사람은 바로 컨셉의 힘을 이해하고 있는 것입니다. 그래서 이건희 회장은 CEO들에게 기업의 핵심 역량은 업의 개념에 꿰어야 한다고 말하고 있는 것입니다. 그래서 필자는 CEO를 Concept Executive Officer로 종종 바꿔 부르곤 합니다.

> "핵심 역량은 저절로 얻어지는 것이 아니다. 핵심 역량을 개발하기 위해서는 끊임없는 연구 노력과 투자가 뒷받침되어야 한다. 그러나 무엇보다도 중요한 것은 회사가 추구하는 '업의 개념'과 회사가 가진 강약점이 무엇인지를 확실하게 파악하는 일이다. 그래야만 그 업이 나아갈 방향에 맞게, 그리고 그 업에 맞는 회사의 강점만을 살려서 제대로 연구하고 투자도 할 수 있기 때문이다."
>
> —《이건희 에세이: 생각 좀 하며 세상을 보자》 중에서[6]

세상만사가 꿰는 것과 꿰어지는 것이 합쳐져 많은 일들이 이루어지듯이 세상사의 성패는 컨셉에 달려 있다고 할 수 있습니다. 꿰는 것con과 꿰어지는 것cept은 음과 양의 관계로 서로 의존해야 하고 상생해야 합니다. 둘이 하나가 되어야 한다는 의미는 서로 따로 놀지 않아야 한다는 의미입니다.

이를 좀 더 어려운 말로 표현하면 호위기근互爲其根이라 합니다.[7] 호위기근이란 하나가 다른 하나의 뿌리가 된다는 의미로, 음은 양의 뿌리가 되고 양은 음의 뿌리가 된다는 말이죠. 호위기근은 상생의 다른 이름인 것입니다. 이 책 컨셉카페 3에서는 개념과 감각의

상생, 컨셉카페 4에서는 언어와 경험의 상생, 그리고 컨셉카페 9에
서는 상징으로서 브랜드(상표)와 물리적 제품 간의 상생에 대해 설
명하겠습니다.

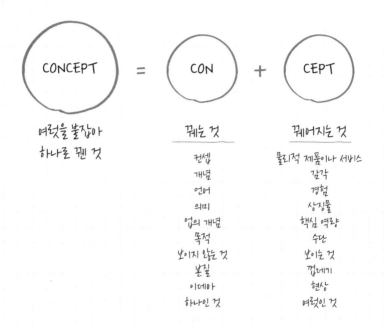

법칙 2

컨셉력 =

차별성 × 필요성

군주가 재물을 모으면
백성은 흩어지고
재물을 흩어 놓으면
백성이 모인다.

- 《대학》

애덤 스미스는 《국부론》에서 다이아몬드와 물의 패러독스를 이야기합니다. 다이아몬드는 사랑하는 여인을 행복하게 해줄 아름다운 보석이지만, 우리는 물을 마시지 않고는 목숨을 부지하기 어렵습니다. 하지만 다이아몬드는 비싼 가격에 거래되지만 물은 그렇지 않죠. 요즘에야 천연 암반수니 뭐니 해서 비싼 물이 나오기도 하지만 그래도 다이아몬드와 비교할 가격은 아닙니다. 더욱이 애덤 스미스가 살던 시절에 물은 아예 시장에서 거래하는 상품도 아니었습니다. '왜 다이아몬드가 물보다 비싼 걸까?' 고민하던 애덤 스미스는 제품의 교환가치를 결정짓는 '희소성'에 주목합니다.

물은 희소성이 낮지만 다이아몬드는 희소성이 높습니다. 희소성이 떨어지면 다른 것으로 대체할 수 있기 때문에 시장에서 거래되지 않는다, 이것이 애덤 스미스의 설명입니다. 이 희소성을 만들어내는 것을 우리는 마케팅 용어로 '차별화'라고 부릅니다. 실제로 오늘날 많은 기업들은 자신들이 만들어내는 제품의 '교환가치'를 높이기 위해 차별화에 목숨을 걸고 있습니다. 어떻게 하면 조금이라도 다르게 만들지, 고민에 고민을 거듭하고 있죠.

딤채의 성공과 센쿡의 실패

위니아만도는 1995년 처음 김치냉장고를 출시했습니다. 차별화에 성공한 대표적인 제품입니다. 김치냉장고를 출시할 때만 해도 냉장고가 있는데 별도로 김치만 보관할 냉장고를 누가 사겠냐고 생각했습니다. 하지만 이제는 김치냉장고가 없는 집을 찾기 힘들 정도로 대중화되었습니다.

딤채는 출시 첫해인 1995년 4,000대를 시작으로 1997년 8만 대에 이어, 2002년에는 무려 74만 대가 팔렸습니다. 2012년 상반기까지 누적 판매대수는 600만 대에 달하죠. 딤채의 성공 사례는 영국 헐Hull대학 경영대학원 수업교재에 자세히 소개되었을 정도입니다. 기존의 일반 냉장고와 성공적으로 차별화시킨 제품컨셉 덕분에 그야말로 '대박'을 친 경우인데요. 하지만 안타깝게도 시장에는 성공한 차별화만 존재하는 건 아닙니다.

2007년 동원 F&B는 '즉석 발아현미밥'이라는 컨셉으로 즉석밥 시장에 도전장을 내밉니다. 이미 CJ '햇반'을 비롯해 '농심'과 '오뚜기'라는 굵직굵직한 경쟁자들이 시장에 진출한 상태였기 때문에, 기존 제품과 동일한 '쌀밥' 컨셉은 승산이 없다고 생각했습니다. 하지만 신제품의 인기는 기대에 미치지 못했습니다. 여러 마케팅 서적들에서 '차별화만이 살길'이라고 이야기하는데, 무엇이 잘못되었던 걸까요?

2009년, 매출이 계속해서 부진하자 동원 F&B는 센쿡의 컨셉을 바꾸기로 결정합니다. '즉석 현미밥'에서 '즉석 쌀밥'으로, 잘나가는 선도 브랜드와 같은 컨셉으로 바꾼 겁니다. 그런데 재미있는 것은 이렇게 컨셉을 바꾼 이후 매출이 증가하기 시작했다는 사실입니다.

'차별화'하지 않고 남들을 따라갔더니 오히려 매출이 늘어났다? 도대체 어떻게 된 일일까요?

실패한 차별화에 나타나는 공통점

이 질문에 대해서는 앞서 소개해드린 애덤 스미스가 잘 알고 있습니다. 잠깐 다시《국부론》으로 돌아가 볼까요? 사람들은 너무 흔해 '교환가치'가 낮은 물보다 희소성이 높은 다이아몬드에 더 비싼 값을 치른다고 말씀드렸습니다. 그런데 여기서 한 가지 더 짚고 넘어갈 것이 있습니다. 바로 '사용가치'입니다. 애덤 스미스는 가치를 '교환가치'와 '사용가치'로 나누었습니다. '사용가치'란 곧 제품을 사용해보고 느끼는 필요성을 뜻합니다.

'즉석 발아현미밥'의 경우 경쟁 제품과 차별화하는 데에는 성공했습니다. 그러나 대다수 고객이 그 필요성을 느끼지 못했기 때문에 매출은 기대에 미치지 못했습니다. 반면에 딤채 김치냉장고는 기존의 경쟁자와 차별화하면서도 대다수 고객이 그 필요성을 동감한 경우입니다. 고객의 니즈가 충분했다는 뜻이지요.

소개해드렸듯 어떤 차별화는 성공하고 또 어떤 차별화는 실패합니다. 물론 제품이 실제로 출시되기 전까지는 차별화된 컨셉이 성공할지 예측하기 쉽지 않습니다. 하지만 실패한 차별화에는 공통점이 존재합니다. 경쟁 제품을 과도하게 의식한다는 점입니다.

시장에 존재하는 제품보다는 소비자의 니즈와 행동을 먼저 살펴야 합니다. 실패한 차별화는 잠재 소비자가 갖고 있는 고충이나 즐거움에 초점을 맞추기보다는 이미 시장에 존재하는 경쟁사 제품과 다르게 하는 것에만 초점을 맞춘 경우가 대부분입니다. 경쟁자와 다르게 하는 것이 컨셉의 궁극적인 목적이 되어서야 고객을 완벽하게 만족시킬 수 없죠.

반대로 성공한 차별화 컨셉은 그 차별성이 고객의 니즈에도 부합했다는 공통점을 가지고 있습니다. 단순히 차별화가 중요한 것이 아니라, 그 차별화가 고객의 니즈에 부합하느냐가 중요하다는 얘기입니다. 그래서 성공한 차별화 컨셉은 고객의 니즈를 먼저 생각한 후 이것이 차별화된 니즈인지를 생각합니다.

"왜 컨셉인가?"에서 컨셉은 '다른 제품이 아닌, 바로 이 제품을 사야 할 이유'를 소비자에게 제시하는 것이라고 했는데 그 이유란 차별화되면서도 고객에게 가치를 제공해주는 것이야 합니다.

나가면서

마지막으로 질문을 하나 드려보겠습니다. 여러분이 치킨가게를 차린다고 생각해보시죠. 경쟁 치킨가게에서 멀어질수록 '차별성'이 높다고 할 수 있고, 고객에게 가까워질수록 '필요성'이 높다고 할 수 있습니다. 여러분이라면 어떤 곳에 치킨가게를 내시겠습니까?

다른 점포와의 경쟁이 두려워 유동인구가 많은 대로변이 아니라, 한적한 골목에 가게를 내는 경우가 생각보다 많습니다. 하지만 이런 결정은 고객의 니즈에는 전혀 부합하지 않는, 다시 말해 '필요성'을 전혀 고려하지 않은 결정입니다.

선요후별가형先要後別加形을 기억하시길 바랍니다. 이 의미는 먼저 필요성(고객 니즈)을 찾아내고 나중에 차별성을 고려한 후 유형성을 추가해야 한다는 의미입니다. 차별화에 성공하는 컨셉은 경쟁자와 멀어지면서도 고객에게는 가까이 다가갑니다. 하지만 차별화에 실패한 컨셉은 경쟁자와 멀어지지만 동시에 고객과는 더 멀어지게 됩니다. 차별화된 컨셉만 생각하다 고객의 니즈와 부합하지 않는 좁은 시장에 매몰되지 않도록 조심하시기 바랍니다. 다른 점포와의 경쟁이 두렵다고 외딴 섬에 점포를 낼 수는 없지 않겠습니까?

CONCEPT CAFE 2

가치를 높이면 고객이 모인다

가치에는 양면성이 있습니다. 양면성의 다른 이름은 음과 양입니다. 가치를 태극이라 생각해봅시다. 태극은 음적 측면과 양적 측면이 있는 것이죠. 이 책에서는 사용가치나 교환가치 대신 필요성과 차별성이라 부르겠습니다. 소비자에게 제공하는 가치를 필요성 측면과 차별성 측면에서 각각 판단해보는 것입니다.

하나의 가치가 필요성과 차별성을 만족시킨다면 가치가 높은 것입니다. 그런데 가치는 필요성과 차별성 같은 측면만 있는 것이 아닙니다. 가치는 고객이 지불하는 관점에서도 보아야 합니다. 이를 가격 대비 가치라 하지요. 가치가 갖는 세 가지 측면을 한 식으로 쓰면 다음과 같습니다.

$$\text{가격 대비 가치} = \frac{\text{교환가치} \times \text{사용가치}}{\text{가격}} = \frac{\text{차별성} \times \text{필요성}}{\text{가격}}$$

53

가치가 갖는 측면은 여기서 그치지 않습니다. 마케터에게 가치가 있는 제품도 소비자에게는 가치가 없어 보이는 인식의 비대칭 문제가 발생합니다. 같은 제품도 마케터가 가치를 어떻게 인식하느냐에 따라 가치가 높아지기도 하고 낮아지기도 합니다. 소비자가 갖고 있는 인식의 한계라는 문제가 있습니다.

여기서 유형성有形性도 염두에 두어야 합니다. 컨셉이 주장하는 내용을 오감으로 확인할 수 있는 정도를 유형성이라고 합니다. 소비자가 언어를 통해 컨셉의 필요성과 차별성을 이해한 것을 감각으로 느껴야 합니다. 이는 언어와 감각의 상생을 의미합니다. 그래서 가격 대비 가치를 다음과 같이 확장할 수 있습니다.

$$가격\ 대비\ 가치 = \frac{차별성 \times 필요성 \times 유형성}{가격}$$

각 요소들이 곱하기로 표시된 점에 유의해야 합니다. 가치의 여러 측면들을 서로 모순이라고 보지 않고 가치의 여러 측면에서 나은 가치를 제공하려 노력해야 합니다. 이는 가격 대비 가치로 표시하기도 하지만 한 제품의 컨셉력을 나타내는 공식으로도 볼 수 있습니다. 마케터는 가격이나 비용에 치중하는 분모마케팅에서 벗어나 필요성, 차별성, 유형성의 곱을 극대로 하는 분자마케팅으로 바뀌어야 합니다.

아울러 차별성, 필요성, 유형성의 곱으로 표시된 가치를 윤석철 한양대학교 석좌교수가 제시한 기업의 '생존부등식'과 연결시켜 생각할 필요가 있습니다.[8] 기업이 생존하려면 가치는 가격보다 커야 하고 가격은 원가보다 커야 합니다.

$$가치 > 가격 > 원가$$

그런데 가치는 필요성, 차별성, 유형성의 곱이므로 이 부등식은 다음과 같이 부등식으로 바꾸어 사용할 수 있습니다. 소비자에게 제공하는 차별성과 필요성, 유형성을 동시에 고려하면서도 이것을 낮은 원가로 달성할 수 있도록 고민해야 합니다.

$$필요성 \times 차별성 \times 유형성 > 가격 > 원가$$

그래서 컨셉이 중요합니다. 컨셉을 어떤 산업에서는 가치 제안Value proposition이라고도 하는데 바로 고객에게 가치를 적극 제안하는 것이기 때문입니다. 앞의 식을 소극적 의미의 '생존부등식'보다 적극적인 의미로 '가치경영부등식'으로 바꾸어 부르는 것은 어떨까요?

《대학》에 "군주가 재물을 모으면 백성은 흩어지고 재물을 흩어놓으면 백성이 모인다財聚則民散 財散則民聚"고 했습니다. 이 구절에서 백성을 고객으로 바꾸어 해석하면 마케팅의 격언이 됩니다. 기업이 고객에게 이익을 많이 취하면 고객은 도망가고 이익을 덜 취하면 고객은 찾아오게 됩니다. 마케팅적으로 해석하면 고객에게 가격 대비 가치를 높이라는 말이 됩니다. 그러기 위해서는 컨셉이 제공하는 가치의 세 가지 측면인 필요성, 차별성, 유형성을 동시에 높여야 합니다.

법칙 3

오감으로 확인하게 하라

감각이 없는 개념은
공허하고
개념이 없는 감각은
맹목적이다.

– 이매뉴얼 칸트

가끔 TV에서 맛집을 소개하는 프로그램을 봅니다. 한번은 민물다슬기를 넣어 끓인 올갱이국을 잘하는 가게가 소개된 적이 있습니다. 리포터가 주방에 들어가 음식 만드는 모습을 지켜보고 있었습니다. 그런데 주인 할머니가 달걀을 풀더니 그 위에 올갱이를 올려놓으시는 겁니다. 리포터가 뭐하시는 거냐고 물었더니, 할머니는 이렇게 대답하셨습니다.

"이렇게 달걀 위에 올려놔야 안에도 올갱이가 있다는 걸 알 수 있지."

올갱이가 가라앉지 않고 달걀물 위에 뜨도록 해 손님이, 아니 시청자가 직접 두 눈으로 올갱이를 볼 수 있게 한 겁니다. 여기서 여러분께 칸트의 어록을 하나 소개해드리겠습니다.

"감각이 없는 개념은 공허하고 개념이 없는 감각은 맹목적이다."

올갱이국집 주인 할머니는 대철학자 칸트의 이 이야기를, 따로 어려운 철학 공부 한 번 하지 않고도 경험으로 이미 터득하고 계셨던 겁니다. 손님이 올갱이국을 먹기 전에 올갱이를 직접 눈으로 볼 수 있어야, 음식에 대한 믿음을 가질 수 있다는 사실을 말이지요. 이번에 소개해드릴 끌리는 컨셉의 법칙은 올갱이국을 파는 할머니의 지혜 속에 힌트가 숨어 있습니다.

물속에서도 완벽한 밀폐, 미국 시장이 놀라다

밀폐용기의 대명사가 된 세계적인 브랜드가 있습니다. 바로 '락앤락Lock & Lock'입니다. 그런데 락앤락이 처음부터 잘나가는 기업은 아니었습니다. 지금이야 명실상부 세계적인 기업으로 성장했지만, 1999년 처음 제품을 출시했을 때만 해도 소비자 반응은 냉담했습니다. 출시 당시 제품컨셉은 '100퍼센트 새지 않는 완벽한 밀폐력'이었고, 이후로도 몇 차례 국내에서 대대적인 프로모션을 진행했지만 반응은 싸늘했습니다.

그러다 2001년에 세계 최대 홈쇼핑업체인 QVC에 소개됩니다. 락앤락이 오늘날같이 세계적 기업으로 도약하는 데는 QVC 홈쇼핑 광고가 계기가 되었습니다. QVC의 담당 머천다이저는 100퍼센트 밀폐가 되는 것을 시각적으로 보여주면 잘 팔릴 것으로 생각

미국 홈쇼핑방송에 소개된 락앤락 |

하고 올갱이국 할머니와 같은 아이디어를 생각해냈습니다. 그래서 '완벽한 밀폐로 물속에서도 젖지 않는 지폐' 모습을 홈쇼핑 방송에서 선보였습니다.

락앤락 용기 속에 지폐를 담은 후 검정 잉크를 잔뜩 풀어둔 수조에 넣었다가 잠시 후 도로 꺼내봅니다. 검정 물로 된 수조에 집어넣어 꺼낸 후 지폐가 하나도 젖지 않았다는 것을 한 장, 한 장씩 보여준 것입니다.

홈쇼핑 광고가 전파를 탄 후 준비해둔 물량 5,000세트가 순식간에 동이 났다고 합니다. 여러분, 그 이유를 아시겠습니까? 말씀드렸다시피 한국에서도 제품컨셉은 '100퍼센트 새지 않는 완벽한 밀폐력'이었습니다. 하지만 이번엔 이 제품컨셉을 눈으로 직접 확인시켜주었다는 것이 차이점이었습니다. '100퍼센트 완벽한 밀폐력'이라고 언어로만 되어있던 제품컨셉이, 소비자의 감각을 통해 확인된 것입니다.

락앤락은 홈쇼핑 방송 이후 입소문을 타기 시작해 세계적 기업으로 성장할 수 있었고, 세계시장 성공에 힘입어 다시 국내 홈쇼핑에서도 소개되었습니다. 한국에서는 한 단계 더 나아가 솜사탕을 밀폐용기 안에 넣었습니다. 그리고 나서 물 속에 집어넣었다가 다시 꺼낸 다음 뚜껑을 열어 솜사탕이 여전히 뽀송뽀송하다는 걸 직접 시청자들에게 보여줬습니다. 반응은 폭발적이었습니다. 락앤락은 9회 연속 매진을 기록하며 홈쇼핑 최대 분당 매출을 기록하였습니다.

느껴지지 않는 컨셉은 공허하다

이 같은 락앤락의 성공에 자극을 받은 한 후발주자가 있었습니다. 이 업체는 '100퍼센트 밀폐'라는 락앤락의 컨셉에서 한 발 더 나아가 '밀폐는 기본에 항균까지!'라는 컨셉으로 제품을 출시했습니다. 단순히 컨셉만 비교하면 분명 진일보한 컨셉이었습니다. 그런데 어쩐지 반응이 썩 기대에 미치지 못했습니다. 왜였을까요? 결론부터 말씀드리면, 진일보한 컨셉인 '항균 기능'을 소비자가 오감을 통해 느끼도록 하는 데 실패했기 때문입니다.

컨셉의 정의를 설명하면서 cept에는 '붙잡다'라는 뜻이 있다고 말씀드렸습니다. 그런데 컨셉이 붙잡는 것은 바로 '감각'입니다.

우리가 오감을 통해 얻은 경험을 컨셉이 붙잡아서 하나로 모아준다는 얘깁니다. 마케팅을 달리 표현하면 소비자의 제품 사용 경험을 붙잡는 것이기도 합니다. 경험이란 건 오감을 통해 이루어지기 때문에 대단히 복잡한 것인데, 컨셉이 이 복잡한 것들을 붙잡아 하나로 만들어줍니다. 그래서 감각 경험이 따로 놀지 않고 컨셉과 하나가 되어야 합니다.

감각으로 파악하기 어려워 공허하게 들리는 컨셉들을 간단히 예를 들어보면 '음이온이 발생하는 에어컨', '원적외선이 방출되는 돌침대' 같은 것들을 들 수 있습니다. 백문이 불여일견百聞不如一見이나 '보아야 믿는다Seeing is believing'라는 표현이 있는 것처럼 우리는 오감으로 확인되지 않으면 믿지 않습니다. 그래서 철학자 칸트도 "감각이 없는 개념은 공허하고 개념이 없는 감각은 맹목적"이라고 했던 것이고, 올갱이국 가게 할머니도 달걀 푼 국에 올갱이를 띄웠던 겁니다.

나가면서

필자는 인간이 오감으로 확인할 수 있는 컨셉의 정도를 설명할 때 '유형성'이라는 말을 자주 사용합니다. 이 유형성이 떨어지면 컨셉의 언어를 이해해도 컨셉의 실질적인 내용을 감각으로 느끼지 못하며 '완전하고 완벽한 인식'이 불가능합니다. 완전하고 완벽한 인식이 일어나지 않으면 어떻게 될까요? 그러면 결국 안 사게 되는 겁니다.

다시 말해 이 유형성이 락앤락의 성공과 후발 경쟁업체의 부진을 갈라놓았습니다. 그래서 끌리는 컨셉의 법칙 세 번째는 '오감으로 컨셉을 확인하게 하라'입니다. 오감으로 컨셉을 확인하게 할 때 언어로만 되어있던 컨셉을 감각으로 느끼게 할 때, 그만큼 컨셉이 성공할 확률이 높아진다는 사실을 잊지 마시기 바랍니다.

인식이란 무엇인가?

필자가 오감이나 감각, 경험이란 단어를 사용하니 요새 회자되는 오감마케팅, 감성마케팅, 경험(체험)마케팅에서 주장하는 내용과 같다고 생각하실 수 있습니다.[9] 반은 같지만 나머지 반은 새로운 이야기입니다. 감성마케팅이나 경험마케팅을 주장하는 분도 마케팅에서 오감의 중요성을 잘 알고 있습니다. 여기서 빠진 것이 이 오감을 꿰는 게 컨셉이라는 점입니다.

칸트는 경험론과 합리론을 통합한 철학자로 평가받고 있습니다. 경험론은 모든 인식은 감각적 경험에서 온다는 입장이고, 합리론은 인식은 인간이 신으로부터 부여받은 이성 능력에서 온다는 입장입니다. 그런데 칸트는 인식을 '내용'과 '형식'으로 나누어 통합하였습니다. 즉, 인식의 내용은 감각적 경험에서 오지만 선천적 인식 기능인 형식이 그 내용을 하나의 틀로 찍어 인식이 만들어진다고 주장합니다. 그는《순수이성비판》서두에서 이 점을 명확히 하고 있습니다.

"우리의 모든 인식이 경험(감각적 인상)과 함께 생기지만 그렇다고 해서 모든 인식이 바로 경험에서 발현하지는 않는다. 왜냐하면 우리의 경험 인식조차 우리가 감각 인상을 통해서 받아들이는 것과 우리 자신의 인식 능력(지성)이 자신에 주는 개념이 합한 것이기 때문이다."[10]

칸트는 인식 기능을 감각을 받아들이는 감성과 개념들을 이해하는 지성으로 구분합니다. 칸트는 선천적이라는 말 대신에 '선험先驗적'이라는 말을 사용합니다. 이는 경험 이전에 인간에게 주어졌다는 의미이죠. 그래서 칸트철학을 선험철학이라 합니다.

감성은 외부세계로부터 들어오는 자극인 감각자료sense-data를 직관으로 바꾸는 역할을 합니다. 감성이 받아들인 무질서한 감각자료는 감성의 형식인 시간과 공간에 의해 질서가 잡혀 시간성과 공간성을 갖춘 직관이 됩니다. 일반적 상식으로 사물을 존재하기 위한 시간과 공간은 외부에서 주어진 것으로 생각합니다. 그러나 칸트는 시간과 공간을 감성을 받아들이는 형식으로 보아 내면에 존재한 공간의식과 시간의식으로 생각한 것입니다. 시간과 공간이 감성의 형식이라는 말을 이해하기 어려우면 직관을 감각으로 바꾸어 이해해도 무방합니다.[11]

칸트의 시간과 공간을 쉽게 설명해볼까요. 인간이 외부 사물을 파악할 때 공간적으로 나란히 있고 시간적으로 잇달아 있는 것을 알아채는 의식이라 말할 수 있습니다. 락앤락 사례에서 공간의식은 용기 안에 지폐가 들어 있는 것을 알아채는 것입니다. 시간의식은 지폐가 락앤락 용기에서 나왔고 락앤락 용기는 검정 잉크가 든 수조에서 나왔다는 사실을 시간상의 순서로 알아채는 것이라 할 수 있습니다. 만약에 이런 시간의식과 공간의식이 없었다면 이 광고를 보아도 락앤락 용기가 밀폐가 된다는 것을 이해할 수 없었을 것입니다.

감성의 선험적 능력인 시간과 공간 외에도 지성의 선험적 인식 능력인 '범주'가 있습니다. 여기서 범주란 보통 일상에서 쓰이는 범주와는 다른 의미를 지닙니다. 범주란 일반적으로 같은 부류란 의미로 쓰입니다. 마케팅에서 제품 범주라고 하면 같은 욕구를 충족시키는 일련의 브랜드들의 집합이란 의미로 사용되지요.

칸트는 이런 범주를 자신의 책에서 아주 다른 의미로 사용합니다. 그는 범주란 개념들을 묶어주는 기능으로 사용합니다. 즉 'A는 B다' 또는 'A이면 B다'. A와 B가 감각에 의해 파악되는 경험 개념이라면 '~은 ~이다', '~이면 ~이다'라는 이 개념들을 묶어주는 것이 범주의 역할입니다.

만약 "락앤락 용기는 밀폐가 된다"라고 하면 락앤락 용기라는 개념과 "밀폐가 된다"라는 개념을 묶어 하나의 판단을 가능하게 합니다. 쉽게 설명하면 주어와 서술어를 묶어서 하나의 문장으로

이해할 수 있게 하는 것이 범주의 역할입니다.[12]

주어에 해당하는 브랜드와 서술어에 해당하는 물리적 제품의 속성을 묶어주는 역할을 범주가 하니 마케팅 상황에서는 범주가 물리적 제품을 언어로 설명하는 제품컨셉과 다르지 않습니다. 락앤락 사례에서 수조에 검은 잉크를 집어넣은 후에 끄집어낸 지폐를 본 감각적 경험과 "락앤락 용기는 100퍼센트 밀폐가 된다"는 제품컨셉이 결합해서 락앤락에 대한 인식이 일어나는 것이죠. 칸트의 인식론을 아래 그림으로 정리해보았습니다.

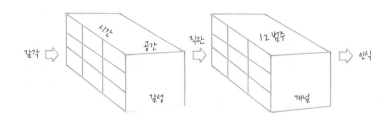

법칙 1에서 컨셉의 -cept는 붙잡다는 뜻이 있다고 했는데 바로 컨셉은 보는 것, 즉 감각적 경험을 흘려보내지 않고 붙잡아주는 것입니다. 그래서 독일어로 컨셉은 '베그리프Begriff'라 하는데 이는 '붙잡다'라는 의미의 begreifen의 명사형입니다. 감각적 경험이 흐르는 물이라면 이를 담는 그릇이 개념인 것입니다. 인간은 개념이 없으면 인식을 하지 못하고 인식을 해도 그 인식은 불완전합니다. 감각이 그릇에 담겨져 있지 않기 때문입니다.

이상을 종합하면 감각의 내용을 인식의 선험 능력인 범주라는 형식으로 찍어낸 것이 인식이 되는 것입니다. 범주라는 틀로 다양한 감각적 경험을 꿰는 것이 인식입니다.

칸트의 인식론을 브랜드 등식과 연관시켜 설명해보겠습니다. 브랜드에 대한 소비자 인식에 해당하는 브랜드 이미지는 물리적 제품에 대한 감각적 경험과 제품컨셉이 결합하여 일어나게 됩니다. 그런데 제품컨셉을 소비자에게 전달할 때 소비자들이 이해하는 사실적 언어 또는 상징적 언어로 표현한 것이 브랜드컨셉이 됩니다. 따라서 브랜드 등식은 칸트의 인식론을 물리적 제품과 브랜드 컨셉의 결합으로 마케팅 상황에 적용한 것입니다.

칸트 인식론	인식 = 감각적 경험(내용) + 범주나 개념(형식)
브랜드 등식	브랜드 이미지 = 제품에 대한 경험 + 브랜드컨셉

마지막으로 칸트의 인식론을 장황히 설명하는 이유를 말씀드리겠습니다. 칸트 이전에 경험론과 합리론이 서로 대립하였듯이 오늘날의 마케팅 이론도 양자가 대립하고 있습니다. 경험이나 감각을 중시하는 감성마케팅이나 경험마케팅을 내세우는 사람은 경험론적 입장입니다. 그리고 인지심리학에 기초하여 소비자 인식이나 행동을 설명하려는 사람은 합리론자로 볼 수 있습니다. 전자는 주로 실무자들인 반면에 후자는 학계의 학자들입니다. 실증주의 경

향이 강한 학계에서는 다루기 어려운 감각 정보보다는 언어 정보를 통해 소비자 인식이나 행동을 분석하고 있습니다.

예를 들면 연상 테스트의 경우 "참이슬 하면 어떤 생각이 떠오르냐?"고 물으면 바로 떠오는 생각을 언어로 표현하여 측정합니다. 그런데 언어로 설명되지 않으면 그냥 무시됩니다. 인지율을 측정할 때도 마찬가지입니다. 브랜드명은 모르지만 물리적 제품의 형상은 기억하는데도 브랜드명(언어)을 기억하지 못하면 인지율에 잡히지 않습니다.

이처럼 실증주의에 기초한 지식은 계량화가 힘든 감각적 정보를 알게 모르게 배제하게 됩니다. 그래서 여기서 얻은 마케팅 지식은 감각적 정보는 관여하지 않는 반쪽짜리인 경우가 대부분입니다. 학계의 이런 실증주의적 경향은 합리론적 관점으로 볼 수 있습니다. 마찬가지로 개념은 무시하고 감각적 경험만을 중요하다고 하는 일부 학자들이나 실무자의 주장도 반쪽이기는 마찬가지입니다. 그러나 양자의 입장은 모순되고 서로 대립되는 것이 아닙니다. 칸트가 《순수이성비판》을 통해 경험론과 합리론을 통합했듯이 오늘날의 마케팅 이론도 양자를 통합해야 소비자 인식에 대한 제대로 된 이해가 가능합니다. 이것이 바로 칸트와 같은 인식론이 마케팅에서 필요한 이유입니다. 그래서 쇼펜하우어가 《순수이성비판》을 읽는 것은 장님이 개안수술을 받은 것이라고 말했는지도 모릅니다.[13]

법칙 4

하나의 키워드로
콕 찍어라

인간은 언어가 보여주는 대로
현실을 인식한다.

- 칼 빌헬름 훔볼트

먼저 제가 좋아하는 김춘수 시인의 시를 잠깐 소개하며 네 번째 법칙을 시작할까 합니다.

"내가 그의 이름을 불러 주기 전에는 그는 다만 하나의 몸짓에 지나지 않았다. 내가 그의 이름을 불러 주었을 때, 그는 나에게로 와서 꽃이 되었다."

꽃은 원래부터 그곳에 있었을 겁니다. 하지만 '이름'을 불러 주기 전에는 '하나의 몸짓'에 지나지 않았죠. '이름'을 불러주었을 때 비로소 '꽃'이 되었다는 것인데요. 소개해드릴 네 번째 끌리는 컨셉의 법칙은 제품을 '하나의 몸짓'에서 '꽃'으로 변화시켜줄 법칙입니다.

스웨덴에서 온 비누가 재도전에 성공한 비밀

아래 사진은 2007년 수입돼 한 홈쇼핑에서 판매하기 시작한 제품입니다. 스웨덴 왕실에 공식 납품하는 인증 제품인데 모공 수축, 피지, 각질 관리 같은 효능이 있다고 합니다. 보시는 것처럼 생긴 것도 비누 모양이고, 스웨덴에서도 '에그화이트솝Eggwhite Soap'이라는 이름으로 판매됐습니다. 그래서 우리나라에서도 처음에는 '팩처럼 쓸 수 있는 비누'라는 컨셉으로 판매를 시작했죠.

하지만 고객들의 반응은 신통치 않았습니다. "비누치고 너무 비싸다", "아니, 비누를 어떻게 팩으로 써?", "자극적이지 않을까?" 대체로 이런 반응이었죠. 예상보다 매출이 저조하자 홈쇼핑 머천다이저와 수입업체는 미팅을 가졌습니다. 그리고 이 미팅에서 컨셉을 바꾸자는 아이디어가 나왔습니다.

변경된 컨셉은 이렇습니다. '비누처럼 쓸 수 있는 팩'. 식약처에도 화장품으로 수입 허가를 받았고, 스웨덴 본사를 설득해 'Eggwhite Soap'으로 표기되어 있던 포장에서 'Soap'란 단어를 삭제한 후 '에그화이트 페이셜 케어 Eggwhite Facial Care'로 바꿨습니다. 홈쇼핑 방송에서도 "매일 팩으로 세수하

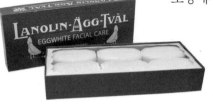

에그화이트 페이셜 케어 |

세요!"라며 제품이 팩이라는 사실을 강조했습니다.

　결과는 어땠을까요? 소비자 반응은 180도 달라졌습니다. "팩치고는 가격이 저렴하다", "매일 아침 간편하게 세안할 수 있어 정말 좋다." 스웨덴 에그화이트팩은 비누처럼 손쉽게 사용하면서도 모공 관리와 보습효과가 뛰어난 스킨케어 브랜드로 완벽한 이미지 변신에 성공했습니다. 매출도 크게 늘어 2010년 가격 인상에도 불구하고 홈쇼핑 히트상품 1위에 선정되었습니다. 2007년 론칭 이후 현재까지 4,000만 개 이상 팔렸고, 누적 매출도 1,000억 원이 넘었다고 합니다.

컨셉, 하나의 키워드로 언어화하라

정리하면 판매가 저조해 '비누'에서 '팩'으로 컨셉을 바꿨더니 잘 팔리더라는 얘긴데요. 그런데 '비누'에서 '팩'으로 컨셉을 바꿨다는 건 무슨 뜻일까요? 바로 '언어'를 바꿨다는 뜻입니다. 컨셉을 한자로 적으면 '名'입니다. 이름을 뜻하는 건 물론이지만, 이 한자에는 '개념'이나 '언어'라는 뜻도 담겨 있습니다.

　똑같은 제품이라도 '비누'라는 名으로 소개하면 소비자는 제품을 '비누'라는 틀로 보고, '팩'이라는 名으로 표현하면 '팩'이라는 틀로 바라보게 됩니다. 심리학에서 말하는 생각의 틀, 프레임을 컨셉이 제공하는 거죠. 아시다시피 프레임이란 세상을 바라보는 마음의 창 또는 어떤 문제를 바라보는 관점을 가리킵니다. 그런데 바로 언어가 제품을 보는 관점을 바꾸게 한다는 겁니다.

여기서 잠깐, 지난 장에서 "감각이 없는 개념은 공허하고 개념이 없는 감각은 맹목적이다"라고 했습니다. 언어로 콕 찍어서 말해주지 않으면 안 된다는 뜻입니다. 칸트의 말처럼 머릿속에 맴도는 아이디어만으로는 결코 컨셉이 될 수 없습니다. 컨셉 개발 과정에서 관련된 모든 사람들이 이해할 수 있도록 하나의 키워드, 하나의 언어로 정리되어야 컨셉이 될 수 있는 법입니다. 한마디로, 아이디어가 원석이라면 언어화되고 다듬어진 컨셉은 보석이라 할 수 있습니다.

화이트는 어떻게 위스퍼를 이겼을까

1971년 출시 이후 줄곧 업계 1위를 고수해온 유한킴벌리의 여성용품(생리대) 브랜드가 있습니다. '코텍스'라는 제품인데, 1987년경 경쟁사 피앤지가 '위스퍼'라는 브랜드를 출시하며 1위 자리를 빼앗기고 말았습니다. 코텍스의 시장점유율은 1990년 53퍼센트에서 1995년 20퍼센트로 급격히 떨어졌고, 위스퍼의 시장점유율은 36퍼센트에서 67퍼센트로 증가했습니다.

코텍스 후리덤에서 화이트로 |

유한킴벌리는 1위 탈환을 위해 제품 혁신에 박차를 가했고 흡수력이나 부착력 같은 제품의 성능을 대폭 개선합니다. 출시 전, 상표명을 감추고 제품 테스트를 진행했더니 60퍼센트 이상이 경쟁제품보다 신제품을 선호하는 것으로 나타났다고 합니다. 신제품의 새로운 브랜드명으로 코텍스 플러스, 코텍스 커브, 코텍스 디럭스같은 의견들이 나왔습니다. 그러나 '코텍스'라는 브랜드는 사실, '어머니 세대가 사용하는 낡은 이미지'로 고착화되어 있었습니다.

유한킴벌리는 결국 깨끗함과 순수함을 상징하는 '화이트'를 신제품의 새로운 브랜드명으로 확정했습니다. 그런데 본사인 미국 킴벌리는 100년 이상 사용해온 글로벌 브랜드명 '코텍스'를 한국에서만 '화이트'로 바꾸는 걸 굉장히 반대했다고 합니다. 유한킴벌리는 장장 6개월에 걸친 필사적인 설득 끝에 조건부 허락을 받았습니다. 조건이란 코텍스를 병기하는 것이었는데요. 그래서 유한 킴벌리는 포장 윗면에 작은 영문으로 '코텍스'란 이름을 넣었습니다. 그리고 포장 한복판에는 한글로 커다랗게 '화이트'라고 표시해 소비자들이 코텍스보다 화이트로 신제품을 인식하도록 했습니다.

유한킴벌리는 출시 후 '깨끗함이 달라요'라는 광고 카피를 통해 화이트의 컨셉인 깨끗함을 강조했습니다. 이렇게 새롭게 출시한 화이트는 1995년 20퍼센트의 시장점유율에서 시작했습니다. 당시 1위를 달리던 피앤지의 위스퍼는 67퍼센트로 시장을 점유하고 있었습니다. 그러던 것이 1999년에는 43퍼센트를 기록하며 위스퍼를 역전하였고 2000년부터 48퍼센트를 차지하며 위스퍼를 제치고 선두 자리를 탈환할 수 있었습니다.

만약 유한킴벌리가 미국 본사의 정책에 따라 코텍스라는 브랜드명을 살려 신제품을 출시했다면 이땠을까요? 선두 자리를 탈환할 수 있었을까요? 개인적인 생각은 '글쎄'입니다. 앞서 설명 드린 대로 컨셉은 언어이기 때문입니다.

소비자가 품질이 좋아졌다는 느낌을 갖기 위해서는 물리적인 제품의 개선만으론 불충분합니다. 제품의 성능 개선을 수반해 소비자가 품질 개선을 느낄 수 있도록 해줄 언어, 하나의 키워드가 반드시 있어야 합니다. 단언컨대 언어가 바뀌지 않으면 소비자는 바뀐 품질력을 인식할 수 없습니다.

끌리는 컨셉의 법칙, 그 네 번째는 '하나의 키워드로 콕 찍어라'

입니다. 하나의 키워드로 콕 찍어주기 전까지 아무리 제품의 성능을 개선해도 다만 '하나의 몸짓'에 지나지 않는다는 사실, 그래서 하나의 키워드로 콕 찍어줄 때 비로소 '소비자에게 다가가 꽃'이 될 수 있다는 사실, 이 장에선 이 두 가지만 기억하셔도 좋겠습니다.

CONCEPT CAFE 4

언어의 힘

최근에 제주도 다녀오신 적 있습니까? 올레길 걸어보셨나요? 올
레길은 기자 출신의 서명숙 씨가 스페인의 산티아고 길을 순례하
면서 고향 제주도 풍광이 더 아름다움을 깨닫고 기획한 관광상품
입니다. 귀국 후에 끊어진 길은 잇고, 사라진 길은 복원하고, 외진
길은 정비해서 제주도를 순환하는 21코스를 완성하여 이제는 외
국인들도 걷고 싶어 하는 길이 됐습니다.

서명숙 씨는 길을 만들기에 앞서 '놀멍, 쉬멍, 걸으멍 가는 길'이
란 컨셉을 만들었고 이를 뒷받침하여 올레길이라는 이름을 만들
었습니다. 올레는 자기 집 마당에서 마을의 거리 길로 들고나는 진
입로를 뜻하는 제주도 사투리입니다.[14]

올레길을 걸으면 김춘수의 꽃이라는 시가 생각납니다. "내가 올
레길이라고 불러 주기 전에는 바다풍경과 나무숲은 하나의 몸짓에

지나지 않았다. 내가 올레길이라는 이름을 불러 주었을 때 그것들은 나에게로 와서 걷고 싶은 길이 되었다." 언어가 무엇이기에 같은 길도 이름이 없었던 해변을 걸을 때와 올레라고 명명된 길을 걸을 때의 느낌이 다를까요? 코텍스나 화이트가 무슨 차이가 있기에 유한킴벌리는 미국 본사와 6개월이나 줄다리기를 했을까요?

인간은 언어 속에 살고 있지만 언어가 무엇인지에 대해서는 깊이 생각해보지 않습니다. 언어의 본질에 대해 살펴보기 위해 언어철학자 카를 빌헬름 훔볼트의 언어관을 알아보겠습니다.

훔볼트는 칸트의 인식론을 계승하여 언어에 적용하였습니다. 그는 언어를 인식을 가능하게 하는 선험 능력으로 보았습니다. 칸트가 훔볼트 연구를 참조할 수 있었다면 지성의 선험적 인식 기능을 '범주'라 하지 않고 '언어'라 했을 것이라는 주장도 있습니다.[15] 범주는 낱말들을 묶어 하나의 문장을 만들어 인식을 가능하게 합니다. 낱말이나 단어 그리고 문장 등은 언어를 구성하는 단위들이죠. 그래서 범주를 '언어'로 보는 것이 칸트의 인식론을 더욱 잘 이해하는 방법이라 할 수 있습니다.[16]

훔볼트는 "우리는 언어가 우리에게 보여주는 대로 현실을 인식한다"고 했습니다. 이 말을 이해하려면 무지개를 생각해보면 됩니다. 무지개를 '일곱 빛깔 무지개'로 아는 사람은 하늘의 무지개를 보고 '빨·주·노·초·파·남·보' 하면서 일곱 색깔로 인식하게 됩니다. 과거에 동양에선 색을 오색(적, 황, 청, 백, 흑)으로만 구분했기 때문에 무지개도 '오색 무지개'란 언어로 표현했습니다. 우리 조상들은 무지개를 보면서 다섯 색으로 보았을 것입니다. 실제로 빛을 분광 분석하면 일곱 색이나 다섯 색으로 구분할 수 없는 무수히 많은 연속체이지만 어떤 단어로 무지개를 알고 있는가에 따라 무지개 색깔도 다르게 구성해서 인식하는 것입니다.

언어와 감각은 인식에서 서로 상생합니다. 그런데 여기서 그치는 것이 아니고 언어는 감각 경험 자체에 영향을 주게 됩니다. 훔볼트는 언어라는 틀을 통해 인간은 자신이 경험한 세계를 인식하는 것으로 보았죠. 칸트의 "감각이 없는 개념은 공허하고 개념이 없는 감각은 맹목적이다"라는 말을 훔볼트 식으로 해석하면 "언어로 콕 찍어 이야기하지 않으면 잘 보이지 않고 감각으로 경험되지 않는 것들은 언어로 말해도 공허하게 들린다"는 이야기가 됩니다. 언어가 감각에 영향을 주기 때문에 언어가 현실이나 세계를 창조하기도 합니다.

훔볼트는 언어가 사물의 형상을 지시하거나 묘사하는 수동적 기능을 갖는다는 전통적 언어관에서 벗어나 언어는 사물의 형상을 만들어내는 능동적 기능을 갖는다고 하였습니다. 이런 이야기는 익숙하게 들리지 않고 심지어는 믿으려 하는 사람들이 많지 않습니다. 그것은 인간의 인식을 객관주의라는 좁은 관점에서 이해했기 때문입니다.

이 점을 설명하기 위해서는 칸트의 인식론이 이전의 객관주의에 기초한 인식론을 뒤집었다는 것을 살펴야 합니다. 칸트 이전에는 인간의 사물에 대한 인식이란 외부의 사물을 거울처럼 반영한 것으로 보았지요. 그러나 칸트는 이를 뒤집어 사물의 형상을 개념(칸트에게는 인식의 틀인 범주이며 훔볼트에게는 언어)을 좇아 구성한 것이 인식이라고 주장했죠. 그래서 칸트의 인식론을 구성주의라고도 합니다.

칸트는 자신의 인식론이 당시 사람들에게 충격으로 받아들일 것으로 예상해 코페르니쿠스의 전회轉回로 비유했습니다. '전회'란 뒤집었다라는 의미입니다. 훔볼트가 언어의 역할을 사물의 형상을 묘사하는 것에서 형상을 만들어내는 것으로 본 것은 칸트의 인식론 전회와 맥을 같이하는 언어적 전회linguistic turn라 불릴 수 있습니다.[17] 그래서 훔볼트 철학은 언어적 칸트주의로 불리기도 합니다.

언어적 전회는 20세기 들어 또 다른 철학자 비트겐슈타인에 의해 다른 측면에서 다시 조명됩니다(비트겐슈타인의 언어적 전회는 컨

칸트	인식론의 전회	사물의 형상을 거울처럼 반영(객관주의) → 사물의 형상을 인간이 능동적으로 구성(주관주의 또는 구성주의)
훔볼트	언어관의 전회	언어는 현실 묘사 → 언어는 현실 창조
비트겐슈타인	언어관의 전회	이상언어 → 일상언어 (컨셉카페 14에서 설명)
마케팅	컨셉 개발에 적용	컨셉은 제품을 묘사(제품컨셉) → 컨셉은 브랜드 이미지를 창조(브랜드컨셉)

셉카페 14에서 이상언어와 일상언어의 차이를 설명할 때 다시 언급하겠습니다). 이런 언어관의 전회를 마케팅 상황에 적용하면 마케팅에서 컨셉은 물리적 제품을 객관적으로 묘사하는 것을 넘어서 브랜드 이미지를 만들어냅니다.

사물의 형상을 언어(또는 개념)가 구성한다는 말은 오늘날에도 충격으로 받아들일 수 있습니다. 독자들의 충격을 다소나마 덜어주기 위해 구성주의를 다른 언어로 설명한 예를 들어보지요. 하버드대 심리학자 대니얼 길버트는 구성주의를 '채워넣은 지각filling in perception'으로 설명합니다. 우리 뇌는 실제로 추측을 토대로 경험이나 기억의 세부사항을 채워넣지만 너무도 빨리 무의식적으로 일어나서 인간은 간파하지 못한다는 것입니다.[18]

'채워넣은 지각'이 무엇을 의미하는지는 앞서 예를 든 '일곱 빛깔 무지개'를 생각하시면 됩니다. 20세기 언어철학자 비트겐슈타인은 토끼·오리 그림을 통해 보는 것은 개념을 갖고 보는 것임을 설명합니다. 오리 주둥이로도 볼 수 있고 토끼의 두 귀로도 볼 수 있는 그림을 보여주고 무엇을 보고 있느냐고 물으면 '토끼·오리'라 하지 않고 오리 또는 토끼를 본다고 대답한다는 것입니다.[19]

보는 사람은 그림을 있는 그대로 보지 않고 '~로' 보게 됩니다. '~으로'에서 '~'은 칸트에게는 개념이고 훔볼트에게는 언어인 것이죠. 그래서 '~으로'를 이해하고 시각 경험을 그것에 맞추는 것입니다. 흔히 "아는 만큼 보인다"고 하는데 이는 구성주의를 잘 표현

비트겐슈타인의 토끼 · 오리 |

한 말입니다. '구성주의' 또는 '채워넣은 지각' 또는 '틀(프레임)' 또는 '토끼 · 오리 그림의 예'로 표현해도 말하려는 바는 동일합니다. 바로 우리의 감각 경험은 객관적이 아니고 주관에 의해 만들어진 것이라는 이야기입니다. 그리고 여기에 개념 또는 언어가 관여하는 것입니다.

《보물섬》은 영국 소설가 로버트 스티븐슨의 작품입니다. 이 작품은 잡지에 '바다의 요리사'라는 제목으로 연재되었지만 인기를 끌지 못했습니다. 스티븐슨은 1년 후 이를 《보물섬》이란 제목으로 출간하여 대성공을 거뒀고 오늘날에도 사랑받는 고전이 되었습니다.

제목만 바꾸어서 실패를 성공으로 바꾼 사례는 주변에서 많이 볼 수 있습니다. 처음 소개 당시에 주목받지 못하던 유행가를 제목만 바꾸어 히트작으로 바꾼 많은 사례들, 출시 당시 실패였던 브랜드를 상표명만 바꾸어 성공한 사례들은 바로 언어나 컨셉이 사용 경험을 구성한다는 강력한 증거입니다.

언어는 지시하는 기능을 통해서도 감각 경험에 영향을 주게 됩니다. 이는 A로 분류되던 특정 사물을 B로 분류하도록 지시하면 수신자가 사물을 보는 관점을 바꾸어놓을 수 있습니다. 오리 · 토끼 그림의 예처럼 오리로 지시하면 오리로 보이고 토끼로 지시하면 토끼로 보입니다. 앞의 스웨덴 에그팩 경우에서 팩으로 지시하면 소비자는 팩으로 보고 비누로 지시하면 비누로 보는 것이죠.

또한 언어는 상징적 표현을 통해서도 감각 경험에 크게 영향을 줍니다. 생리대 화이트의 사례에서, 미국 본사와 유한킴벌리 간 대립에서 서로 다른 언어관을 엿볼 수 있습니다. 미국 본사는 '화이트'란 단어는 흰색을 지시할 따름이라고 보았습니다. 즉 언어는 사물의 형상을 묘사하는 수동적 역할에 그치는 것으로 본 것입니다. 그러나 유한킴벌리에게 화이트는 그냥 흰색을 지칭하는 것 이상이었습니다. 이 단어는 깨끗함을 암시(상징)합니다. 그래서 소비자가 구매 시 깨끗한 이미지를 떠올려 제품에 대한 기대를 높이고 동시에 사용 경험(감각 경험)에 영향을 주리라는 것을 알고 있었던 것입니다. 유한킴벌리는 언어의 이런 창조적 기능을 이해하고 있었던 것입니다. 언어의 현실 창조 기능은 한편으로는 암시하고 상징하는 기능을 말하기도 합니다.

언어(컨셉)는 그릇에, 그리고 감각적 경험은 흐르는 물에 비유할 수 있습니다. 그런데 그릇에 해당하는 언어는 투명 그릇과 색깔이 있는 그릇으로 구분할 수 있습니다. 투명 그릇은 지시하는 언어이고 색깔 있는 그릇은 상징하는 언어에 해당합니다. 빨간색의 그릇에 물(감각적 경험)을 담으면 담겨진 물도 빨갛게 보이고 하얀 그릇에 담기면 물이 하얗게 보입니다. 그래서 화이트라는 브랜드(상표)에 담긴 사용 경험은 하얀 느낌으로 다가오게 됩니다. 그리고 투명 그릇에 담으면 그대로 보이지만 이것도 그릇의 형태에 따라 다른 형태로 보이게 되는 것입니다. 그래서 비누라는 형태의 투명 그릇에 담으면 비누로 보이고 팩이라는 형태의 투명 그릇에 담으면 팩으로 보이는 것입니다.

이처럼 우리의 인식은 '언어 구속적'입니다. '언어 구속적'이라는 말은 역설적으로 마케터가 언어를 주의 깊게 선택하면 이를 통해 인식을 만들어낼 수 있고 그래서 현실을 창조할 수 있다는 뜻입니다. 이것이 마케터가 이해해야 할 언어가 갖는 힘입니다. 그리고 이는 컨셉의 힘이기도 합니다.

법칙 5

기대감을 높여라

"김은 바삭바삭하게 구워줘!"

- 우노 다카시

우유 상표 중에 '덴마크우유'가 있습니다. 동원데어리푸드가 2006년 '덴마크우유'를 인수하면서 '덴마크'라는 단어가 주는 좋은 이미지 때문에 브랜드명을 바꾸지 않았습니다. 대신 컨셉에는 조금 변화를 줬습니다. 기존의 덴마크우유는 180밀리리터의 우유팩에 카푸치노를 담아 판매했습니다. 이 카푸치노의 제품 포장에 '명화'를 인쇄해 넣으면서 '프리미엄 컨셉'을 강화하기로 한 거죠. 180밀리리터 우유팩은 명화를 인쇄하기에는 너무 작았습니다. 그래서 용량을 310밀리리터로 늘리면서 프랑스 작가 마네의 '피리 부는 소년'을 그려넣었습니다.

'진하고 부드러운 유럽풍'을 표방하며 '모카라떼'도 새롭게 개발했고, 이 제품에는 베르메르의 '진주 귀걸이를 한 소녀'나 모딜리아니의 '목이 긴 여인'을 그려넣기도 했습니다. 패키지에 명화를

덴마크우유의 패키지 변화 |

넣음으로써 기존 우유 패키지 디자인과는 다른 리뉴얼을 시도한 카푸치노와 모카라떼를 2007년 12월 출시하였습니다.

이렇게 탄생한 '덴마크 프리미엄 커피'는 2007년 대비 2008년 매출량이 550퍼센트 증가하였고, 매출액 기준으로는 750퍼센트나 증가하는, 그야말로 대성공을 거두었습니다.

그런데 사실 잘 생각해보면 포장에 그려넣은 명화는 '커피의 맛'과는 아무런 상관이 없습니다. 그럼 도대체 이런 '대박'의 결과는 어떻게 설명할 수 있을까요?

제철 식재료로 돌풍을 일으킨 계절밥상

덴마크우유의 명화를 넣은 패키지가 우유의 맛을 더 맛있게 보이게 했듯이 서비스업에서도 서비스의 품질을 더 좋아 보이게 하여 성공한 사례가 있습니다. 계절밥상은 2013년 7월에 '제철 식재료를 이용한 건강한 밥상'이란 컨셉으로 오픈하여 외식업체 사이에 새로운 이슈로 벤치마킹의 대상이 되고 있습니다.

이 매장에서는 컨셉을 전달하는 하나의 도구로 매장 내 식재료 사진을 사용하였습니다. 한 분야에 명장이라고 불리는 농부가 직접 수확한 마늘, 파, 우엉 등을 들고 환하게 웃고 있는 사진 또는 수확된 식재료를 클로즈업한 사진이 걸려 있습니다. 또한 계절밥상 매장 앞에서는 농부가 수확한 재료를 직접 판매하는 계절장터가 매일 열리고 있습니다. 고객들에게 현지에서 생산되는 청정 식재료임을 강조하여 신뢰를 주기에 충분합니다. 매장 식재료와 장

계절밥상 |

터에 판매하는 제품은 별개이지만 고객들은 매장으로 들어가면서
이런 감각적 인상들로 인해 제철 식재료를 사용했을 것이라는 기
대를 갖게 됩니다.

손님이 식탁에 앉으면 테이블 종이매트에는 '재미있는 식재료'
스토리를 인쇄해 건강한 식재료를 생산하는 농부와 상생하기 위
해 계절밥상이 탄생하였다는 이야기를 전하고 있습니다. 이렇게
기대감을 고조시켜 좋아 보이게 하는 컨셉으로 개장 이래 하루 평
균 1,000명이 찾으면서 300일이 갓 넘은 2014년 5월, 약 60만 명
이 다녀갈 정도로 대단한 인기를 유지하고 있습니다.[20]

기대가 경험을 좌우한다

덴마크우유의 사례에서 명화는 단순한 포장 이상의 역할을 하고
있습니다. 포장이 고급스럽기 때문에 그 안에 들어 있는 커피에 대
한 기대 수준이 높아졌고, 이에 따라 매출이 자연스럽게 증가했습
니다.

사실 구매가 어떻게 일어나는지 냉정히 따져보면 소비자는 맨
처음 제품을 직접 사용해보고 구매하는 것이 아니라, 컨셉이 담겨
있는 제품의 포장이나 외관만 보고 구매합니다. 실제로 이 제품이
좋을지 어떨지 아직은 정확한 평가가 어렵기 때문에 '제품이 좋아

보이도록 해주는' 여러 단서들을 이용하죠.

이때 단서가 되는 것들을 '품질단서Quality cue' 또는 '품질신호Quality signal'라고 합니다. 이를테면 공인기관의 인증이라든가, 브랜드명, 가격, 원산지, 광고 문구 같은 것들이죠. 이런 것들은 대부분 '언어'로 표현이 가능해 '컨셉'의 일부를 이루고 있는데요. 언어로 표현되지 않는 품질단서도 있습니다. 제품의 외형이나 디자인 또는 포장 등으로, 덴마크우유의 명화도 여기에 속하지요. 이는 계절밥상의 매장 입구에 개설된 계절장터나 매장 내에서 농부가 수확하는 사진도 마찬가지 역할을 합니다.

식초를 탄 맥주가 맛있게 느껴지려면?

우리가 컨셉 개발 단계에서 이 '품질단서'에 주목해야 하는 것은, '품질단서'가 소비자로 하여금 제품의 퀄리티에 대해 기대하도록 유도할 뿐 아니라, 실제 사용 경험에도 영향을 미치기 때문입니다.

소비자의 기대가 사용 경험에 영향을 준다니, 잘 믿어지지 않는 분들을 위해 MIT 교수들이 연구를 진행했습니다.[21] 연구팀은 발사믹 식초를 약간 탄 맥주와 아무것도 첨가하지 않은 맥주를 마시도록 하고, 둘 중 어느 제품을 더 선호하냐고 묻는 실험을 진행했습니다. 피실험자를 3개 그룹으로 나누었는데, 첫 번째 그룹에게는 어느 쪽이 식초를 탄 맥주인지 알려주지 않고 선호도를 표시하게 했습니다. 두 번째 그룹에게는 시음 전에 어느 쪽이 식초를 탄 맥주인지 미리 알려주었습니다. 그리고 세 번째 그룹한테는 맥주를 다 마신 직후 선호도를 표시하기 직전에 어느 쪽이 식초를 탄 맥주인지 알려주었습니다.

결과는 어땠을까요? 첫 번째 그룹에서 발사믹 식초를 탄 맥주의 선호도는 59퍼센트로 나타났습니다. 반면 사전에 어느 쪽이 식초를 탄 맥주인지 알려준 두 번째 그룹에서는 30퍼센트만이 식초를 탄 맥주를 선호했습니다. 선호도가 절반으로 준 겁니다. '기대'가 '실제 경험'에 영향을 미친 것이지요.

그리고 세 번째 그룹에서는 어땠을까요? 맥주를 마신 후에 식초를 탔다는 사실을 뒤늦게 알게 된 세 번째 그룹에서는 무려 52퍼

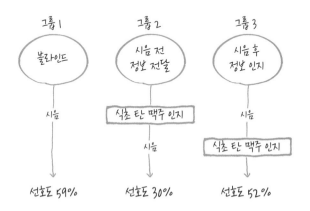

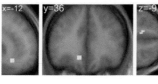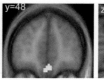

10달러짜리라고 이야기한 경우　　　　　90달러짜리라고 이야기한 경우

와인을 마시는 동안 뇌의 변화 |
노란색 부분의 쾌락부위가 더 활성화됨
캘리포니아공대 연구,미국 국립과학원저널, 2008.

센트가 맛있다고 답했습니다. 식초를 탔다는 걸 알면서도, 아무것
도 몰랐던 첫 번째 그룹과 비슷한 선호도인데요. 52퍼센트와 59퍼
센트는 통계적으로 유의미한 차이가 없습니다. 그러니까 이미 '기
대'가 '경험'에 영향을 미쳐 식초를 탄 맥주를 '맛있다'고 한 번 생
각한 뒤에는, 식초를 탔다는 사실을 알게 되더라도 선호도가 바뀌
지 않는다는 얘깁니다.

　그런데 여러분 이런 생각이 들지는 않으십니까? 식초를 탄 맥
주에 대한 선호도가 30퍼센트로 가장 낮았던 두 번째 그룹이 실제
로는 이 맥주를 맛있다고 느꼈는데, 맛있었던 실제 경험을 감추고,
선호하지 않는다고 대답했을 가능성은 없을까요? 언뜻 일리가 있
는 말처럼 들리지만 세 번째 그룹의 결과를 잘 살펴보면 가능성은
희박합니다. 만약 피실험자의 선호도가 실제 사용 경험이 아니라,
어느 쪽이 식초를 탄 맥주인지 알고 있었다는 사실 때문에 선호도
가 낮아진 것이라면, 세 번째 그룹의 선호도는 아마 두 번째 그룹

과 비슷한 30퍼센트 정도로 나왔을 겁니다. 하지만 말씀드렸듯 실제 결과는 52퍼센트였죠.

하지만 혹시나 '맛있으면서도 거짓말'로 응답할 수 있는 거 아니냐? 이런 의심이 드는 분들이 계실 텐데요. 그런 분들을 위해 실험을 하나 더 소개해드리겠습니다. 선호도 조사가 아닌 '뇌 사진'을 찍어본 실험입니다. 2008년 캘리포니아공대에서 진행한 실험인데, 피실험자들이 와인을 마시는 동안 뇌를 관찰한 겁니다. 똑같은 와인을 두고 10달러짜리라고 이야기해준 경우와 90달러짜리라고 소개한 경우 뇌 사진은 어떻게 달라졌을까요?

앞의 사진은 즐거움을 관장하는 우리 뇌의 '쾌락 부위'입니다. 실험 결과, 와인이 90달러짜리라고 소개한 오른쪽 그림의 쾌락 부위가 훨씬 더 많이 활성화되었습니다. 똑같은 와인을 마셨는데도, 더 비싼 와인이라는 기대치가 실제 뇌가 느끼는 쾌락의 경험을 한층 높여준 것이지요.[22]

"김은 바삭바삭하게 구워줘!"

일본 요식업계의 전설 우노 다카시는 지인이 하는 초밥 전문점에 갔다가 센스 있는 접객이란 무엇인가에 대한 깨달음을 얻게 됩니다. 주문을 받은 주인이 요리사에게 "김은 바삭바삭하게 구워줘!"

라고 큰소리로 말하는 것이지요.

초밥용 김을 바삭바삭하게 굽는 건 당연한 일이기 때문에 요리사는 굳이 주인이 그렇게 말하지 않아도 바삭바삭하게 김을 구워냈을 것입니다. 하지만 손님이 그 한마디로 인해 김을 먹었을 때의 바삭거리는 식감과 갓 구워낸 향기를 상상할 수 있었고 초밥을 더 맛있게 먹을 수 있다는 것을 주인은 알고 있었던 것이죠.[23] 서비스업의 대가들은 이렇게 기대를 높여 사용 경험을 좋게 만들 수 있다는 것을 잘 알고 있습니다. 언어로만이 아니고 앞에서 소개한 사례처럼 감각적 품질단서로도 기대를 높일 수 있습니다.

컨셉 개발 단계에서 소비자의 예상이나 기대가 사용 경험에 영향을 준다는 건 어떤 의미가 있을까요? 한마디로 '좋아 보이는 제품'을 제공하면, 소비자는 정말 '좋은 제품'으로 경험하게 된다는 이야기입니다. 컨셉을 만들 때 '좋아 보이는 제품'처럼 보이도록 해서 '기대치를 높여라'라는 뜻입니다. 기대치를 높이는 것만으로도 소비자들이 제품을 더 좋게 인식한다니, 참으로 놀라운 사실인데요. 하지만 이 사실만 믿고 기대치만 잔뜩 끌어올려놓고, 실제 제품의 품질은 엉망으로 방치한다면 어떻게 될까요? 그렇게 해서는 안 되는 이유를 다음 법칙에서 소개해드리겠습니다.

CONCEPT CAFE 5

감각 경험과
세 가지 기호

현대에 들어오면 기호를 체계적으로 연구하는 기호학이 탄생하게 됩니다. 법칙 5에서 언급한 품질단서와 품질신호와 관련해서는 신호나 기호를 연구하는 기호학에서 많은 통찰을 얻을 수 있습니다. 기호학의 창시자로 간주되는 페르디낭 드 소쉬르는 홈볼트처럼 언어학자였습니다.

그는 기호記號는 의미에 해당하는 기의記意와 상징에 해당하는 기표記票가 결합되어 만들어진다고 했습니다. 그리고 기표는 물질세계 또는 자신의 외부세계를 나타내고, 기의는 정신 또는 자신의 내부세계(마음)를 나타내어 언어는 내부와 외부를 결합한 이원 구조를 갖는다고 하였습니다. 예를 들면 생리대 브랜드명 화이트는 기표이며 흰 것은 물질세계를 나타내고 이는 정신세계에서 깨끗함을 의미하기 위한 것이죠. 그래서 깨끗함은 기의가 되는 것이죠.

그런데 소쉬르는 기표와 기의의 결합은 '임의적'이라고 했습니다. 화이트의 사례에서 생리대 이름을 화이트라고 했지만 이를 레드 또는 블랙이라 해도 아무 문제가 될 것이 없다는 이야기입니다. 그러나 화이트(기표)라는 단어를 선택해서 '깨끗하다'라는 의미(기의)를 부여하고 싶었기 때문에 화이트라는 단어를 선택한 것입니다. 바로 기표와 기의의 결합이 자의적이기 때문에 기호(마케팅에서는 품질신호)를 만들어내는 사람은 특정 기표(단어)를 선택하여 기의(의미 부여)를 만들어낼 수 있는 것입니다. 그래서 기표를 선택하여 의도하는 의미를 나타내는 것이죠.

소쉬르와 함께 기호학을 창시한 철학자로 인정받고 있는 찰스 샌더스 퍼스는 언어기호를 감각기호로 그 범위를 넓혔습니다. 그는 기호의 종류를 도상icon, 지표index, 그리고 심벌symbol로 구분합니다. 도상은 주민등록증에 붙어 있는 사진처럼 있는 모습을 그대로 그린 것을 의미합니다. 연기는 불의 지표이듯이 인과관계를 갖는 어떤 결과의 원인이 되는 것이 지표입니다. 그리고 심벌은 대상과 기호 사이의 연관이 없는 것을 임의로 결합한 기호가 됩니다.

퍼스의 기호 분류는 법칙 5에서 소개된 감각적 품질단서(품질신호)를 분류하는 데 중요한 시사점을 제공합니다. 유한킴벌리의 입는 기저귀 '매직팬티'의 포장지에서 기저귀를 입은 아기의 사진은 도상에 해당합니다. 그리고 계절밥상의 식당 입구에 늘어선 농부가 농산물을 수확하는 사진은 바로 이 식당의 음식 재료를 나타내

		언어기호		감각기호
지시	묘사	걷는 아기용 기저귀	도상	어린이가 기저귀를 찬 포장 그림
암시	언어화된 품질단서	제품의 원산지나 가격, 공인기관 인증을 언어로 표시	지표	계절밥상의 농산물 수확 사진
	은유 (비유)	'남자다운 두부'나 '화이트' 같은 브랜드명	심볼	덴마크우유 포장의 명화 래미안 아파트의 1,000년 느티나무

는 것이니 지표에 해당하지요. 그리고 덴마크우유 포장의 명화는 심볼에 해당합니다. 명화와 우유는 아무런 연관성이 없는 임의의 기호인 것이죠.

심볼은 대상과 임의로 결합한 것이기 때문에 대상과 심볼 사이에는 의미적으로 연결된 것이 없습니다. 명화 대신에 영화배우 그림을 넣어도 아무 상관이 없습니다. 물리적 제품을 좋아 보이게 하는 차별화로서의 기호이면 그만입니다. 그러나 우유 맛과는 직접적 연관성이 없지만 명화를 통해 이 우유는 고급이라는 것을 의미하려는 것이지요. 만약 포장지에 우유를 마시는 사진을 집어넣었다면 이는 우유와 직접적으로 연관되는 도상기호가 됩니다. 이런 도상기호를 사용하면 이해하기는 쉽지만 고급이라는 상징적 의미는 살릴 수가 없습니다. 법칙 1에서 소개한 래미안 퍼스티지 아파트의 1,000년의 느티나무나 1,000근의 해태상도 심볼에 해당합니다.

퍼스의 기호에 대한 세 가지 분류를 사각형으로 설명해보지요. 아래의 사각형은 인식과 표현의 축으로 구성되어 컨셉 표현 사각형으로 부르겠습니다. 브랜드는 지시나 암시에 의해 나타낼 수 있습니다. 퍼스의 도상은 컨셉 표현 사각형에서 지시(묘사)에 해당하고 지표나 심벌은 암시에 해당합니다. 이런 분류는 감각기호뿐 아니라 언어기호에도 그대로 적용됩니다. 가격이나 원산지 표시 같은 것은 언표言表된 품질단서입니다. 언표란 언어로 표현된 또는 표현 가능한 품질단서란 의미입니다.

똑같은 와인을 두고 10달러짜리라고 이야기해준 경우와, 90달러짜리라고 소개했을 때 소비자 반응이 달랐다고 했는데 가격은 바로 언표된 품질단서입니다. 그리고 브랜드명에 해당하는 '화이

컨셉표현 사각형

	언어(컨셉)	감각
지시 (묘사)	제품의 객관적 묘사	도상
암시	언어화된 품질단서 은유	지표 심벌

트'나 '남자다운 두부'는 은유가 되는 것이죠. 심벌은 언어에서 비유나 은유와 유사합니다. 브랜드명 화이트가 의미하는 것은 화이트처럼 깨끗하다는 점을 함축하는 것입니다. 덴마크우유의 명화는 "이 우유는 그림으로 치면 명화다"라는 언어적 은유를 시각적으로 표현한 것으로 이해할 수 있습니다.

이 책에서는 기호와 상징이라는 용어가 혼용되고 있는데 기호는 사물을 대신하는 그 '무엇'에 해당하며 그 '무엇'이 어떤 의미를 함축하는 경우에 이를 상징물이라 하겠습니다.[24] 그래서 도상, 지표나 심벌은 모두 기호이지만 이 중 지표와 심벌만이 상징물이 되는 것이죠. 심벌은 상징으로 번역되지만 여기서는 대상과 임의로 결합하여 의미를 함축하는 감각기호가 됩니다. 상징보다 더 좁은 의미로 사용하겠습니다. 그리고 상징에는 은유와 같은 암시적 표현은 모두 언어상징으로 보겠습니다. 즉 언어기호 중에서도 암시적 표현만을 언어상징으로 보겠습니다. 한마디로 기호는 상징물의 상위 개념이 되는 것이죠.

무의미한 차별화를 위한 품질단서

앞서 브랜드를 좋아 보이게 추론하도록 하는 장치를 품질단서라고 했습니다. 그런데 언어로 표현되는 명시적인 품질단서가 있는

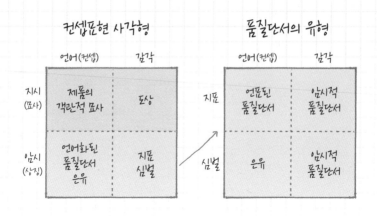

컨셉표현 사각형

	언어(컨셉)	감각
지시 (표사)	제품의 객관적 묘사	도상
암시 (상징)	언어화된 품질단서 은유	지표 심벌

품질단서의 유형

	언어(컨셉)	감각
지표	언표된 품질단서	암시적 품질단서
심별	은유	암시적 품질단서

가 하면 언어로 표시되지 않고 감각기호로 되어있는 품질단서가 있습니다. 이와 같은 맥락에서 노스웨스턴대학 마케팅 교수인 그레고리 카펜터와 버클리 하스 경영대학원의 라시 글레이저, 버지니아 공과대학의 켄트 나카모토 교수는 1994년 경쟁 제품과 효과적으로 차별화할 수 있는 전략으로 '무의미한 차별화meaningless differentiation'를 제안하였습니다.[25] 이는 물리적 제품의 성능(품질)에는 영향을 주지 않지만 경쟁 제품에 없는 속성을 강조하여 소비자가 이를 품질단서로 활용하도록 하는 차별화 방법입니다. 이때 이 속성은 오감에 잘 감지되어 외관이 경쟁 제품과 차별화되었다는 것을 금방 소비자가 인지해야 합니다. 품질단서가 감각적으로만 소비자에게 파악이 된다는 점에서 언어로 표시된 품질단서와는 차이가 있습니다.

품질단서를 지시-암시로 구분한다면 무의미한 차별화를 위한 품질단서는 암시적 품질단서에 해당합니다. 암시적 품질단서로 지표나 심벌을 사용할 수 있습니다. 덴마크우유의 명화도 우유의 맛에는 직접 영향을 주지 않기에 무의미한 차별화에 해당합니다. 그리고 이는 심벌을 사용한 암시적 품질단서의 예입니다. 무의미한 차별화에 지표적 기호를 사용한 사례도 있습니다.

껍질이 노란 닭이 더 맛있다?

미국의 조류 가공업체인 퍼듀치킨Perdue Chicken은 자사의 닭고기 껍질이 노란색을 띠고 있다면서 경쟁 제품과 차별화하고 있습니다. 퍼듀치킨에서 키우는 닭은 노란색의 금송화 꽃잎으로 만든 사료를 사용하기 때문에 노란색을 띠게 된다고 합니다. 소비자는 색깔을 품질의 지표로 사용하여 노란색 닭고기가 맛있고 부드럽다고 느끼게 됩니다.

매취순은 보해양조에서 1990년에 출시하여 매실주 제품 범주를 창출한 선도 상표였습니다. 1996년에 뒤늦게 매실주 시장에 참여한 두산은 매실을 병 속에 집어넣은 설중매로 시장을 공략하였습니다. 과일주는 과일에서 우러나와 숙성된 주정이 술맛을 좌우하기 때문에 병에 넣은 과일이 술맛을 좋게 하지 않습니다. 그래서

퍼듀치킨   설중매

무의미한 차별화일 뿐입니다. 병 안의 매실은 맛의 지표로 품질단서의 역할을 하는 거죠. 소비자는 매실을 품질단서로 받아들이면서 술맛이 더 좋다고 느끼게 되는 것이죠. 그 덕분인지 몰라도 설중매는 출시한 지 2년 만에 선도 상표에 육박하는 시장점유율을 보이게 됩니다.

세 가지 감각기호는 품질단서뿐 아니라 브랜드를 상징화할 때도 사용합니다. 비트겐슈타인은 "말할 수 없는 것에는 침묵하라"고 했지만 말할 수 없는 것을 감각기호로도 보여줄 수 있는 것이지요. 실제 마케팅에서는 도상, 지표, 심벌의 세 종류를 중첩하여 사용하게 됩니다. 명화와 함께 품질인증 마크를 포장에 인쇄하였다면 심벌과 지표를 결합하여 사용한 것이라 할 수 있죠. 또한 브랜드가 기능에 소구하는 경우, 브랜드컨셉은 언어는 묘사 그리고 감각기호는 도상에 의존하게 되고(지시적 표현), 브랜드가 감성에 소구하는 경우에는 언어기호는 은유에 의존하고 감각기호는 심벌에 의존하는 경우가 많습니다(암시적 표현). 이에 대해서는 뒤에서 자세히 설명하겠습니다.

한마디로 소비자가 구매 시 좋아 보이는 제품을 만들어야 하는데 이는 바로 언어나 감각기호를 통해 가능합니다. 그리고 감각기호는 도상적, 지표적, 심벌적으로 만들 수 있다는 점을 기억하시고 업무에 활용하시기 바랍니다.

세상사와 마케팅은 다르지 않습니다. 마케팅의 궁극적 목적은 '고객만족'인데 이는 세상사로 치면 '타인과 동감同感'으로 이해할 수 있습니다. 인간이 지켜야 할 윤리의 최고 덕목인 역지사지易地思之 정신, 그리고 사랑, 자비, 인仁과 같이 다른 이름으로 불려도, 종교의 최고 가치도 그 본질은 동감입니다. 고객을 만족시킨다는 것은 고객과 역지사지하여 그들이 원하는 제품과 서비스로 고객을 만족시키고 또한 만족한 고객과 동감하는 것입니다. 그래서 고객만족의 원리는 세상사를 지배하는 '타인과 동감'의 원리에 의해 파악할 수 있습니다. 그래서 세상사 마케팅이라 말할 수 있습니다.

마케팅을 마케팅만으로 이해하려면 마케팅을 제대로 이해하기 어렵습니다. 이 책에서는 마케팅 관점을 세상사로 넓혀 마케팅에서의 컨셉 이야기를 하고 있습니다. 이를 위해서는 세상을 보는 틀인 인문학적 관점으로 마케팅의 지평을 넓히고자 합니다. 마케팅 이론을 지배해온 객관주의와 과학지상주의의 동굴에서 벗어나 더 넓은 관점으로 인도하려 합니다.

모든 논의는 용어를 명확하게 정의하는 데서 시작하여야 합니다. 논의에 대한 혼란은 하나의 용어가 여러 의미를 갖는 경우, 반대로 다른 용어들이 서로 다른 의미를 갖는 것처럼 보이지만 실상은 하나의 현상을 나타내는 경우에 발생하게 됩니다. 컨셉이나 브랜드를 주제로 한 이전의 책에서 용어가 정확하게 정의되지 않는 상태에서 사용되다 보니 논의가 명료화되기보다 혼란만 가중시켰다고 생각합니다. 무릇 모든 용어들은 관련된 개념들의 구조 안에서만 상대적으로 파악이 가능하다고 구조주의 언어학자들은 주장하고 있습니다. 필자도 이에 동의하면서 용어를 이 책의 전체 체계 안에서 정의하고자 합니다.

이를 위해서 정육면체 구조를 갖는 전체 체계를 소개하겠습니다. 그림의 존재-인식-표현 육면체는 인간이 세상의 존재와 접촉하여 인식이 어떻게 일어나고, 이런 인식을 어떻게 표현하는가를 나타냈습니다. 인간은 마음 밖의 존재를 인식하고 그리고 마음으로 인식한 것을 마음 밖으로 표현하면서 세상을 살아가고 있습니다. 그래서 세상사는 존재-인식-표현의 사슬이 계속 반복되는 것으로 볼 수 있습니다.

우선 존재의 인식에 대해 살펴보겠습니다. 인간의 존재에 대한 인식은 언어를 통한 이해와 존재를 감각적으로 경험한 것이 합쳐져서 일어납니다. 그리고 존재는 대상과 기호로 나누어집니다. 우리는 세상의 존재를 있는 그대로 대상으로 인식하거나 표현하기도 하고, 대상을 나타내는 기호로 인식하거나 표현합니다. 그리고 이런 인식을 표현할 때도 언어로 표시하기도 하고 그림과 같은 감각적인 방법으로도 표현합니다. 시간을 재는 시계時計를 나타낸다고 해보지요. 인간은 마음에 시계(대상)를 물리적으로 집어넣는 것은 불가능하기 때문에 기호로 표시합니다. 언어로 시계를 나타내기도 하고 시계를 그림과 같은 이미지로 나타내는 것입니다. 마음에 나타난 대상을 어려운 용어로 표상表象이라 합니다.[26]

언어도 기호이고 이를 그림으로 표현한 것도 기호입니다. 전자를 '언어기호', 후자를 '감각기호'라 하겠습니다. 시각기호 외에도

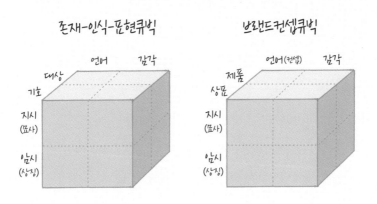

존재-인식-표현큐빅   브랜드컨셉큐빅

소리나 냄새와 같은 다른 감각으로도 나타낼 수 있기에 더 넓은 의미로 감각기호라는 용어를 사용하겠습니다.

시계를 있는 그대로 묘사하는 방법이 있지만 시계와 연관된 다른 것으로 바꾸어 간접적으로 묘사하기도 합니다. 예를 들면, 시계를 평생 본 적이 없는 원시인들에게 시계를 표현하려면 "해가 떠 있는 위치를 알려주는 것"과 같이 시계를 간접적으로 묘사하게 됩니다. 아니면 자기들이 아는 사물 중 시계와 가장 유사한 사물로 나타낼 것입니다.

만약 눈에 보이지 않는 '사랑'을 표현한다면 '어머니'와 같은 눈에 보이는 상징으로 간접적으로 묘사할 수 있지요. 그래서 간접적 묘사는 상징을 사용하는 경우가 많습니다. 그리고 묘사는 대화 상대방에게 대상을 지시하는 것이고 상징이나 간접적 묘사는 대화 상대방에게 대상을 암시(간접적 지시)하는 것입니다. 그리고 사랑을 '어머니'로 표현하면 언어로 암시한 것이 되고 어머니를 나타내는 그림으로 표현하면 감각적 방법으로 암시한 것이 됩니다. 시계라는 대상을 '시계'라고 쓰면 언어로 지시한 것이 되고 시계를 찍은 사진으로 표시하면 감각적으로 지시한 것이 됩니다. 이 육면체에서 중요한 것은 존재의 인식과 존재의 표현은 서로를 비추는 거울처럼 대칭관계에 있다고 할 수 있습니다.

오른쪽의 브랜드컨셉 육면체는 왼쪽의 육면체를 마케팅 상황에 적용한 것입니다. 이는 세상사를 마케팅에 다시 적용해 본 거죠.

이 육면체를 줄여서 컨셉큐빅이라 부르겠습니다. 이 그림은 마케팅 상황에서 소비자가 제품이나 이를 표시한 상표와 접촉할 때 어떻게 인식이 일어나는가를 나타냈습니다.

소비자 인식은 물리적 제품이나 상표에 대한 컨셉(언어)과 이에 대한 소비자 경험(감각)이 결합하여 일어나게 됩니다. 또한 컨셉에 의해 제품을 구현하거나 상표를 표현할 때는 감각 또는 언어를 사용하게 됩니다. 브랜드컨셉큐빅에서 표현의 축은 언어적 표현과 감각적 구현 또는 형상화를 포함하고 있습니다.

그리고 감각적 구현도 있는 그대로 구현하거나 상징적으로 구현하기도 합니다. 마찬가지로 언어 표현도 있는 그대로의 묘사나 상징을 사용하기도 합니다. 감각적 구현은 컨셉에 따라 제품이나 서비스가 성능과 형태를 갖추는 것을 의미합니다. 상징적 구현은 제품이나 서비스의 성능이나 형태를 암시하는 단서(이를 품질단서라 한다)를 만들어 성능이 '좋아 보이도록' 하는 것입니다.

법칙 5에서 소개한 덴마크우유의 명화는 우유 맛이 '좋아 보이도록' 하는 일종의 상징입니다. 2006년 10월 삼성전자가 내놓은 스텔스 청소기는 기계음은 최대한 죽이고 먼지를 빨아들이는 소리는 귀에 잘 들릴 정도로 키웠습니다.[27] 빨아들이는 소리는 소비자에게 청소가 잘되고 있다는 것을 확인시켜주기에 진공청소기라는 컨셉을 암시한 것이죠. 있는 그대로의 감각적 구현이나 언어적 묘사는 지시이고 상징적 구현이나 상징적 언어 표현은 암시에 해당합니다.

컨셉큐빅에서 점선으로 표시된 부분은 제품-상표, 언어-감각, 지시-암시가 서로 명확하게 구분되지 않음을 나타냅니다. 제품과 상표는 서로 밀접하게 연결되어 서로 영향을 주고받습니다. 컨셉 큐빅 제품-상표의 축에 대해 살펴보겠습니다. 제품과 상표를 명확하게 구분하기 어려워 점선으로 표시하였습니다. 제품과 상표는 서로를 구성요소로 포함하고 있습니다. 물리적 제품의 외관이나 포장은 제품의 구성요소이기도 하지만 한 상표를 다른 상표와 식별하는 수단으로 이용된다는 점에서 상표의 일부이기도 합니다.

마찬가지로 기호로서의 상표에는 물리적 제품의 성능이 함축되어 있습니다. 소비자가 상표를 생각할 때 제품을 사용한 후 느낀 경험을 떠올리지 않을 수 없는 것이죠. 이처럼 물리적 제품도 상표를 구성요소의 한 부분으로 포함하고 있고, 상표도 물리적 제품을 한 부분으로 포함하고 있습니다. 제품과 상표가 서로를 부분으로 포함하고 있기에 이 둘을 명확하게 구분하기란 어렵습니다.

서로가 서로를 포함하는 둘의 관계는 동양철학에 나오는 음陰과 양陽의 관계로 나타낼 수 있습니다. 음 속에 양이 있고 양 속에 음이 있는 그런 관계입니다. 그래서 이런 음 속에 양이 있고 양 속에 음이 있는 관계를 그림과 같이 태극의 형상을 통해 나타낼 수 있습니다. 그런데 이런 음과 양의 관계는 다른 두 축, 즉 언어-감각의 인식 축과 지시(묘사)-암시(상징)의 표현 축에도 그대로 적용됩니다. 컨셉큐빅의 세 축을 음양을 포함하는 태극의 그림으로 나타

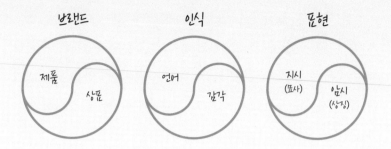

냈습니다. 가장 왼쪽 그림을 설명하면 제품과 상표는 각각 음과 양이 되고 이 둘이 합쳐져서 태극에 해당하는 브랜드가 되는 것입니다. 세 번째 그림은 표현이라 명했는데 여기에는 언어적 표현과 감각적 표현이 합쳐져 있습니다.

앞의 육면체는 사실 이런 태극 형상을 3차원으로 나타냈어야 하지만 그림으로 나타낼 방법이 없기 때문에 정육면체를 그리고 각 축에 음양에 해당하는 요소를 배치하고 그 사이를 점선으로 표시한 것입니다. 정육면체의 그림을 태극 형상으로 보완하는 동시에 이를 수식으로 나타냈습니다.

브랜드를 물리적 제품과 상표의 곱으로 나타낸 이유는 양자는 독립적이지 않고 서로 동시에 작용하면서 시너지로 작용하는 상승효과를 나타냅니다. 예를 들면 인식의 경우 언어나 감각 중 하나가 결여하면 인식의 불완전함을 나타냅니다. 또한 인식의 확실성은 언어의 힘과 감각의 힘의 곱에 의해 결정됩니다. 그래서 세 등식을 더하기 형태가 아닌 곱하기로 나타냈습니다. 음과 양은 현상의 양면성을 상징하기도 합니다. 인식이 태극의 하나라면 이 하나의 현상은 두 가지 측면인 음(언어)과 양(감각)의 측면을 갖는 것이고, 두 가지 측면은 모순이 아니고 상생해야 한다는 것입니다.

브랜드 = 제품 × 상표 ⋯→ 기호론

인식 = 언어 × 감각 ⋯→ 인식론

표현 = 지시(묘사) × 암시(상징) ⋯→ 문화예술론

그리고 각 등식의 오른쪽은 세상사(즉 인문학으로)로 마케팅을 어떻게 설명할 수 있는지를 나타냈습니다. 제품과 상표가 결합되어 브랜드를 형성하는 것은 기호론적 관점에서, 언어와 감각이 결합하여 인식을 이루는 것은 인식론적 관점에서, 그리고 지시와 암시가 결합하여 표현을 형성하는 것은 문화예술론 관점에서 설명할 것입니다. 예술 장르로 표현을 한다면 문학(언어예술)의 경우 소설은 묘사(지시)에 해당하고 시詩는 상징(암시)에 해당하며, 미술(감각예술)의 경우 구상화는 묘사(지시)에 해당하고 추상화는 상징(암시)에 해당합니다.

앞의 육면체를 염두에 두면서 이제는 브랜드에 대한 용어를 다시 정의하면 브랜드는 상표의 영어 표기입니다. 그런데 상표라는 용어보다는 브랜드라는 용어가 더 많이 사용됩니다. 그리고 실제로 브랜드는 상표보다 포괄적 의미로 사용됩니다. 하나의 용어가 여러 의미를 갖게 되어 혼란스러운 경우가 있다고 했는데 바로 '브랜드'란 용어가 여기에 해당합니다. 우선 브랜드는 물리적 제품이나 서비스를 나타냅니다. '최고의 품질을 자랑하는 브랜드'에서 브랜드는 물리적 제품이나 서비스를 나타냅니다.

두 번째로 브랜드는 물리적 제품이나 서비스를 나타내는 기호 또는 표시로서 역할을 하는 경우를 지시하기도 합니다. 상표법에서 말하는 상표(브랜드)는 물리적 제품이나 서비스와의 식별을 위해 사용하는 문자나 기호를 지시합니다.[28] 여기에는 브랜드명을 포함하여 브랜드 로고나 라벨이 있고, 포장 소비재의 경우에는 포장도 물리적 제품을 대신하는 표시나 기호에 해당됩니다. 보통 마케팅에서 브랜드 아이덴티티Brand Identity 또는 줄여서 BI라고 할 때 브랜드는 표시나 기호로서 브랜드가 됩니다. 기업의 경우에는 회

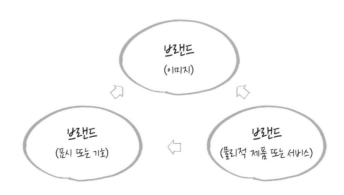

사명, 회사의 로고, 회사의 상징색, 회사의 휘장이 브랜드에 해당됩니다. 시각디자인을 전공하는 사람이 말하는 브랜드는 이런 의미로 사용됩니다.

마지막으로 브랜드는 이미지 또는 표상을 의미하는 경우에도 사용됩니다. "마케팅은 제품 싸움이 아니고 브랜드 싸움"이라 했을 때 브랜드는 물리적 제품이 소비자에 비친 브랜드 이미지를 의미합니다. 또한 마케팅에서 브랜드 가치 또는 브랜드 자산이란 말은 소비자가 갖는 브랜드 이미지를 화폐로 환산한 것을 의미합니다. 참고로 2014년에 구글은 브랜드 가치가 세계 1위로 약 1,588억 달러에 달하는 것으로 조사되었습니다.

세 가지 브랜드의 의미들은 서로 연결되고 중첩되어 있어 명확히 구분하기 어려운 경우가 많습니다. 그래서 많은 책에서 이들을 굳이 구분하지 않고 그냥 브랜드로 표시하고 그래서 혼란이 초래됩니다. 이 책에서는 혼란을 최소화하기 위해 브랜드를 구분하여 다른 용어로 표기했습니다. 물리적 제품이나 서비스로서의 브랜드는 '물리적 제품' 또는 '제품'이나 '서비스'로 지칭했습니다. 기호로서의 브랜드는 '상표'로 지칭했습니다. 간혹 브랜드(상표)로 나타내는 경우에는 일상에서는 브랜드로 칭하지만 실제 의미는 상표라는 점을 나타냅니다.

마지막으로 이 책에서 브랜드라고 할 때에는 물리적 제품과 상표를 합하여 지칭하는 경우를 말합니다. 소비자에게는 물리적 제

브랜드컨셉 사각형

	물리적 제품	상품
언어 (컨셉)	제품컨셉	상품컨셉
감각	형상화	형상화

품과 기호로서 상표가 결합하여 이미지가 형성되는데 이것이 브랜드 이미지입니다. 브랜드 이미지도 브랜드로 표시했습니다. 일상에서는 브랜드로 칭하지만 실제 의미는 브랜드 이미지를 나타낸다는 것을 표시하기 위해 브랜드(이미지)로 표기했습니다.[29] 브랜드가 세 가지 의미를 갖는 것은 언어가 사물과 사물에 대한 인간의 이미지를 매개하는 중간적 성격을 갖기 때문입니다. 이에 대해서는 컨셉카페 14의 "언어 표현의 두 측면 2 : 사물과 표상"에서 다시 설명하겠습니다.

브랜드가 세 개의 의미를 갖듯이 브랜드를 설명하는 컨셉도 서로 다른 의미를 갖게 됩니다. 컨셉은 물리적 제품이나 서비스에 대한 컨셉, 기호로서의 컨셉, 그리고 브랜드 이미지로서의 컨셉으로 구분됩니다. 이 책에서는 물리적 제품으로서의 컨셉은 제품컨셉,

서비스로서의 컨셉은 서비스 컨셉으로 표시하겠습니다. 그리고 기호로서의 컨셉은 상표 컨셉으로 표시했습니다. 이것도 일상에서는 브랜드컨셉으로 불리지만 혼란을 피하기 위해 이 책에서는 일상에서 자주 사용되지 않는 상표 컨셉으로 지칭했습니다. 상표 컨셉은 브랜드명이나, 광고 슬로건 등 언어로 표현된 상표의 컨셉을 감각으로 형상화한 상표의 로고, 엠블럼, 상징 색깔 그리고 포장 소비재인 경우에는 포장 등이 있습니다. 앞에서 제품과 상표가 합쳐진 것을 브랜드라고 지칭하였듯이 제품컨셉과 상표 컨셉이 합쳐진 것을 브랜드컨셉 또는 줄여서 그냥 컨셉이라 칭했습니다. 따라서 이 책에서 컨셉이라 하면 제품과 상표를 합친 브랜드컨셉을 말합니다.

이 제품컨셉이나 서비스 컨셉을 소비자들이 감각적으로 경험할 수 있게 형상화하여 완성하면 제품이나 서비스가 됩니다. 그리고 이런 과정을 제품 개발이라 칭했는데요, 보통 상표의 정체성을 표현하기 위해 언어로 된 상표 컨셉을 개발하고 이를 형상화하는 작업을 브랜딩branding 또는 상표 개발이라 합니다. 보통 기업에서는 제품컨셉 개발은 마케팅과 R&D 부서가 협조하여 수행하게 되고, 브랜딩(상표 개발)은 마케팅과 디자인 부서가 협조하여 수행하게 됩니다. 제품컨셉 개발과 브랜딩도 서로 독립적으로 수행하기보다 상호 긴밀히 협조하면서 수행됩니다. 또한 마케터는 브랜드 개발 시 컨셉을 달성하기 위해 객관적 품질이나 성능을 구체화해야 합니다. 이는 컨셉이 약속한 성능이나 품질을 달성하도록 하는 것입니다.

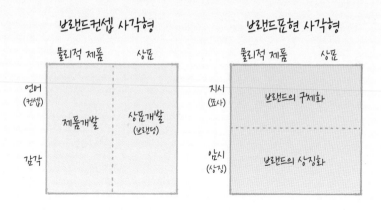

브랜드컨셉 사각형

물리적 제품　　상품

언어
(컨셉)　　제품개발　　상품개발
　　　　　　　　　　　　(브랜딩)

감각

브랜드표현 사각형

물리적 제품　　상품

지시
(표사)　　브랜드의 구체화

암시
(상징)　　브랜드의 상징화

그런데 이것만으로는 부족합니다. 소비자는 객관적 성능도 살피지만 상징적 의미도 살피게 됩니다. 따라서 브랜드의 구체화와 더불어 브랜드를 상징화 또는 감성화하여 친근하면서도 의미를 갖도록 고려해야 합니다. 제품 개발과 상표 개발이 상생해야 하듯이 브랜드의 구체화와 상징화도 상생해야 합니다. 상생한다는 의미는 서로 보완적이라는 의미입니다. 구체화 없이 상징에만 매달리면 브랜드의 진정성이 훼손되기 때문입니다. 소비자는 구체성이 결여된 상징에만 매달리는 브랜드는 외면하게 됩니다.

이 책에서 논의될 법칙들은 컨셉큐빅과 그 단면에 해당하는 두 개의 4사각형을 염두에 두고 읽으면 쉽게 이해할 수 있습니다. 그래서 법칙을 설명하면서 여기에 소개된 컨셉큐빅과 사각형을 가끔 환기시킬 것입니다. 자 그럼 다시 법칙으로 들어가 볼까요.

법칙 6

좋아 보이는 것을
실제로 좋게 만들어라

승리하는 군대는
이기는 상황을 만들어 놓은 후 전쟁을 시작하고
패배하는 군대는
먼저 전쟁을 일으키고 승리를 기대한다.

-〈손자병법〉

CJ제일제당의 '팻다운'은 체지방 감소를 위한 피트니스 드링크로 2003년 출시돼 첫해에 1,600만 병이 팔린 히트상품입니다. 당시 웰빙 트렌드와 소득 증대로 기능성 음료시장이 확대되고 있긴 했지만, 시장에 성공적으로 안착한 국내 브랜드는 많지 않았습니다. CJ제일제당은 소비자가 효과를 확실히 느낄 수 있는 제품을 개발한다면 시장을 크게 키울 수 있다고 판단하고, 본격적인 제품 개발에 돌입합니다.

보통 신제품 개발은 컨셉을 만든 후에 시제품을 제작합니다. 하지만 CJ제일제당은 이를 뒤집었습니다. 시제품이 소비자가 자각할 수 있는 효능을 주는지 먼저 확인하고, 이를 토대로 컨셉을 발전시키기로 한 겁니다. 연구개발팀은 일단 국내외에서 원료 확보가 가능한 12개의 제품 아이디어를 만들었고, 이들 12개의 제품 아이디어 중 5개를 선별해 시제품을 만들었습니다. 그리고 그 다음 단계로 공인기관과 대학 등에 임상실험을 의뢰했습니다.

이 임상실험에서 효능이 가장 뛰어났던 것 중 하나가 다이어트 음료였습니다. 비만도 110퍼센트 이상인 33명의 비만 여성을 대상으로, 식사는 평소대로 하고 운동은 하지 않으면서 8주간 복용시킨 결과, 체지방이 10.6퍼센트 감소하는 것으로 나타났습니다. 또 다른 임상실험에서는 8주 동안 운동만 하는 경우와, 운동과 다이어트 음료 복용을 병행하는 경우를 비교했습니다. 그 결과 음료를 병행한 그룹이 운동만 했던 그룹에 비해 체중은 2배 감소했고 체지방은 무려 8.6배나 감소했습니다.

뷰렙의 실패 경험이 가져온 팻다운의 성공

이 같은 임상 결과에 고무된 CJ는 5개의 시제품 중 '다이어트 음료'를 상품화하기로 결정했습니다. 이 다이어트 음료의 컨셉은 결국 '체지방 연소를 위한 피트니스 드링크'가 되었습니다. 두 연구기관의 임상실험을 바탕으로 한 컨셉인데요. 운동을 하면서 살을 뺀다는 컨셉은 이전의 다이어트 음료와는 확실히 차별화된 것이었습니다. 그냥 '다이어트 음료'가 아닌, '피트니스 음료'에 포커스를 맞춘 건 임상실험에서 운동을 병행한 결과가 훨씬 더 탁월했기 때문입니다.

그리고 또 한 가지 포인트는 '체중 감량'을 내세우기보다는 '체지방 감소'를 내세웠다는 것입니다. 여기에는 이전에 제약사업부에서 출시했던 다이어트 음료 '뷰렙'의 실패 경험이 영향을 미쳤습니다. 뷰렙은 단순히 '마시기만 하면 살

팻다운 |

이 빠진다'는 컨셉으로 출시했다가 보기 좋게 실패하고 말았었지요.

이렇게 결정된 '피트니스 드링크 컨셉'을 강화하기 위해 CJ는 한국체육과학원에 의뢰해 8주간의 피트니스 프로그램도 개발했습니다. 운동을 하면서 다이어트 음료를 복용하도록 했는데, 마치 약의 처방전을 제시하듯 음료 마시는 법도 일러주었습니다. 효과적으로 체지방을 감소하기 위한 일종의 안내서였습니다.

CJ는 시험 구매자들에게 판촉물로 이 피트니스 프로그램을 제공할 예정이었습니다. 실제로 제품을 출시하기 전에 피트니스 프로그램을 제공받은 그룹과 그렇지 않은 그룹 간에 사용 후 효능(성능) 만족도를 측정했습니다. 81퍼센트 대 45퍼센트로 피트니스 프로그램을 제공받은 그룹의 만족도가 월등히 높은 것으로 나타났습니다. 참고로 그 당시 다이어트 음료들에 대한 효능 만족도의 평균은 30.6퍼센트였습니다.

한편 링겔 병 용기로도 출시해 기능성 이미지를 연상하도록 했는데요. 링겔 병 모양은 기존의 가늘고 날씬한 다이어트 음료 용기와는 전혀 다른 형태였습니다. 브랜드명도 컨셉에 맞게 '팻다운'으로 정했고, 광고 슬로건은 '운동하면서 한 번, 마시면서 또 한 번'이었습니다. 피트니스센터를 신규 유통 채널로 개척했고, 효능에 대한 설명이 가능한 홈쇼핑도 적극 이용했습니다.

성실한 노력은 성공적이었습니다. 팻다운은 출시 첫해인 2003년 185억 원, 1,600만 병이 팔리는 히트상품이 되었습니다. 이후 매출이 꾸준히 늘어 현재 CJ제일제당의 대표적인 기능성 음료로 자리 잡았습니다.

왜 미백치약은 재구매율이 떨어졌을까?

소개해드릴 또 한 가지 제품이 있습니다. 1997년 출시된 LG 클라이덴 미백치약입니다. 당시에는 이를 하얗게 하려면 치과에 가서 몇십만 원씩 돈을 내고 시술을 받아야 했습니다. 그런데 미백치약을 사용하면 치과에 가지 않고도 이를 하얗게 만들 수 있었으니, 누런 이 때문에 고민하던 소비자들에게는 반가운 소식이었습니다. '치과에 가지 않아도 되는 미백치약' 컨셉은 주효했고, 컨셉에 대한 기대로 출시 초반 매출은 기대 이상이었습니다.

그런데 출시한 지 반년이 지나자 매출이 급감하기 시작했습니다. 이 미백치약에는 이를 하얗게 하는 과산화수소가 첨가되있는데, 미백효과가 나타나려면 과산화수소가 침투할 수 있도록 충분한 시간을 들여 양치질을 해야 했습니다. 하지만 우리나라 사람들이 양치질하는 시간은 평균 1분 정도라고 합니다. 소비자들은 과산화수소가 미백효과를 발휘할 만큼 충분히 양치질을 하지 않았고, 기대한 대로 미백효과가 나타나지 않자 '재구매'를 하지 않게 된 겁니다. 컨셉은 아주 좋은데 제품이 컨셉대로 효능이나 효과가 없으면 소비자는 다시 구매하지 않는 법이지요.

미백치약의 사례가 보여주듯 그럴싸한 컨셉에 의해 단기적으로 증가한 매출은 제품력이 뒷받침되지 않으면 곧바로 급감하게 마련입니다. 소비자는 컨셉에 이끌려 제품을 구매하지만, 제품이 성

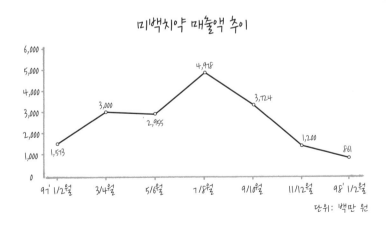

129

공하려면 지속적으로 팔려야 합니다. 지속적인 구매를 결정하는 것이 반복 구매입니다. 팻다운의 성공과 미백치약의 실패는 바로 시험 구매에 이어 반복 구매가 이어졌는지, 아닌지에 따라 결정된 것이지요.

컨셉에 이끌려 제품을 구입한 소비자들이 반복해서 구매하도록 만들기 위해 소개해드린 컨셉의 법칙이 '좋아 보이는 것을 실제 좋게 만들라'입니다. 그리고 실제로 좋게 만들기 위해서는 무엇보다 '성실'해야 합니다. 성실을 의미하는 한자 '성誠'은 말씀 언言과 이룰 성成자로 되어있습니다. 말을 그대로 이룬다는 것입니다. 또《중용》에서는 "성실이란 범사에 준비하는 자세이고 준비하지 않으면 실패한다凡事豫則立, 不豫則廢"고 했습니다. 그리고 "말로 하기 전에 모든 일을 정해놓으면 실수하지 않고, 일하기 전에 준비하면 곤혹스럽지 않다言前定則不跲, 事前定則不困"고 했습니다.

컨셉은 말이며 이를 이루는 것이 제품의 효능(성능), 제품력입니다. 컨셉으로 정하기 전에 컨셉대로 제품의 성능에 만족할 수 있도록 준비해두면 컨셉은 결코 실패하지 않을 겁니다. 구매 시점에서 '좋아 보이는' 제품, '그럴싸해 보이는 제품'을, 사용 시점에는 정말 그런 제품, 정말 좋은 제품이 되도록 제품력에 정성을 기울여야 합니다. 정성이 없으면 세상의 어떤 브랜드도 오래 존재할 수 없습니다. 앞의 법칙과 연결시키면, 기대감을 충족시켜야 브랜드가 성공한다는 말로 요약할 수 있습니다.

소비자는 두 번 평가한다

소비자는 구매 단계와 사용 단계 두 번에 걸쳐 제품에 대해 평가합니다. 소비자는 바로 컨셉을 통해 물리적 제품에 대한 기대를 갖게 되고 구매하게 되죠. 이 상황에서는 아직 제품을 사용해보지 않았기 때문에 전적으로 컨셉에 의존해서 평가할 수밖에 없습니다. 그래서 좋아 보이는 제품을 구매하게 됩니다. 물리적 제품의 성능보다는 언어화된 컨셉과 물리적 제품의 외관(품질단서 포함)에 의해서 구매하게 되는 것이죠. 다음의 사용 단계에서는 물리적 제품을 경험으로 평가하게 되며 이때 구매 단계에서 컨셉을 보고 제품을 품질 수준을 추론한 것이 맞았는지 확인하게 됩니다. 그러면서 컨셉도 평가하게 되죠.

구매 단계의 기대와 사용 단계에서 경험은 소비자 인식의 또 다른 양면성입니다. 컨셉과 감각이 결합하여 인식이 일어나듯 기대와 경험이 결합하여 브랜드에 대한 최종적 인식이 일어난다고 볼 수 있습니다. 그래서 컨셉과 감각이 인식의 공간적 양면성이라면 기대와 경험은 인식의 시간적 양면성이라 할 수 있죠.

포장 소비재처럼 재구매가 일상적인 제품의 매출은 시험 구매한 소비자 수와 시험 구매한 사람들이 평균적으로 몇 회나 반복 구매하는지에 의해 구성됩니다. 매출은 '시험 구매 × 반복 구매'로 표시됩니다. 시험 구매는 주로 구매 단계에서 컨셉의 평가에 의해 좌우되고, 반복 구매는 사용 단계에서 물리적 제품에 대한 평가에 의해 좌우되죠.

구매 단계에서 컨셉에 대한 기대는 컸지만 사용 단계에서 물리적 제품이 이에 부응하지 못하면 시험 구매가 일어나도 반복 구매

	구 매 단 계	사 용 단 계
컨셉	기대(좋아 보이는 컨셉)	경험(좋은 제품)
물리적 제품	추론(좋아 보이는 제품)	평가(좋은 컨셉)
출시 후 매출	A×B	
반복 구매가 있는 소비재나 서비스 반복 구매가 없는 내구재 가입과 탈퇴가 있는 서비스	시험 구매 A 혁신 구매 가입자 수 A	반복 구매 B 모방 구매(구전에 의한) 사용량 B
컨셉의 요소	차별성×필요성	
가치	교환가치×사용가치	
출시 전 검증	컨셉 테스트×제품 테스트	

로 이어지지 않아 매출이 급감하게 됩니다. 미백치약이 이에 해당한 것이죠. 반면에 물리적 제품에 대한 평가가 기대에 부응하면 반복 구매가 지속적으로 일어나게 됩니다. 이것이 팻다운의 경우에 해당합니다.

반면 초기에 물리적 제품은 괜찮은데 컨셉에 대한 기대가 낮아 시험 구매가 낮은 경우가 있습니다. 시험 구매가 낮으면 물리적 제품의 품질 수준이 높아도 매출이 일정 수준에 오를 때까지 상당한 시간이 걸리게 됩니다. 이런 제품은 대부분 중도에 시장에서 철수됩니다.

그러나 조기에 컨셉을 바꾸어 매출 증진을 꾀할 수 있습니다. 한국존슨앤드존슨은 국민소득이 3,000달러 이상 되는 나라에서는 '유아'에 관심을 많이 갖기 때문에 시장성이 있다고 판단하여, 1984년에 베이비로션을 출시했습니다. 하지만 베이비로션은 제품력은 뛰어났지만, 컨셉이 기대에 부응하지 못해 시장에서 철수해야 할 지경에 이르렀습니다. 이 때문에 1986년부터 목표 시장을 베이비에서 틴에이저로 바꾸고 컨셉도 '순하고 깨끗해요'라고 바꿈으로써 대대적 성공을 거두었습니다. 컨셉을 바꿔 부진했던 시험 구매를 끌어올려 성공한 경우입니다.

이기는 전쟁은 이기는 상황을 만들고 시작한다

반복 구매가 없는 내구재(예를 들면 가전제품)를 취급하는 경우에는 특정 고객이 마케팅 영향으로 구매를 하고, 구매를 한 고객 중에 만족하거나 불만인 고객이 입소문을 통하여 다른 고객의 구매에 영향을 줍니다. 다른 소비자의 영향을 받지 않고 마케팅 영향으로 발생한 구매를 혁신 구매, 입소문에 의한 구매를 모방 구매로 표시하면 매출은 '혁신 구매 × 모방 구매'로 표시됩니다. 혁신 구매가 컨셉력에 의해 결정된다면 모방 구매는 입소문의 영향을 반영하므로 물리적 제품에 대한 평가(A/S도 영향을 줌)에 의해 결정됩니다.

 서비스도 반복 구매가 있는 경우(예를 들면 호텔, 항공 서비스)의 매출은 시험 구매와 반복 구매의 곱으로 나타낼 수 있습니다. 서비스 중에서 가입과 탈퇴기 있는 경우(예를 들면 무선통신 서비스)에서 고객관계와 관련된 활동은 신규 고객을 유치하는 획득활동Acquisition과 고객 이탈 방지를 위한 유지활동Retention으로 나누어볼 수 있습니다. 따라서 매출은 '획득 고객 수×고객당 평균 사용금액'이 됩니다. 이런 업종에서는 컨셉에 대한 기대에 의해 신규 고객의 획득이 결정되고 물리적 제품에 해당하는 서비스 품질이 고객의 유지 여부와 사용량을 결정하게 됩니다.

 컨셉 테스트는 컨셉이 소비자에게 사야 할 이유를 주어 충분한 기대를 불러일으키는지에 대한 테스트이고, 제품 테스트는 물리적 제품이 컨셉에 부응하여 소비자에게 원하는 사용 경험을 주는 지 여부에 대한 테스트입니다. 컨셉 테스트와 제품 테스트는 객관적이고 정량화된 절차로부터 검증됩니다. 컨셉 테스트는 소비자에게 컨셉을 제시하고 소비자들의 구매 의향을 주로 알아보는 방법으로 진행됩니다. 반면, 제품 테스트는 소비자에게 시제품이나 완제품을 사용하게 해본 후 구매 의향을 알아보는 방법으로 진행됩니다.

《손자병법》에도 "승리하는 군대는 먼저 이길 수 있는 상황을 만들어놓은 후 전쟁을 시작하고, 패배하는 군대는 먼저 전쟁을 일으키고 승리를 기대한다"고 했습니다.[30] 이순신 장군도 이 원칙에 충실하여 23전 23승의 전승 신화를 기록할 수 있었습니다. 이를 오늘의 마케팅에 적용해보면, 컨셉 테스트와 제품 테스트를 통해 신규 브랜드가 경쟁사 브랜드보다 컨셉력이나 제품력에서 우월할 때 시장에 출시하는 것입니다.

법처 7

이로움과 해로움,
둘 다 살펴라

소비자는 늘 사용하는 제품의 가치를 3배 정도 과대평가하는 반면
기업은 자신의 신제품을 3배 과대평가한다.
둘 사이에는 9배의 갭이 존재한다.

- 존 거빌, 하버드 경영대학원 교수

《손자병법》에 이런 내용이 나옵니다. "지혜로운 자는 이로움과 해로움을 동시에 고려하기 때문에, 이로움에도 해로움이 섞여 있음을 알고, 해로움에도 이로움이 섞여 있음을 안다智者之慮 必雜於利害, 雜於利而務可信也, 雜於害而患可解也."

일곱 번째 끌리는 법칙은 이 심오한 병법서의 가르침과 관련이 깊습니다. 본격적으로 설명을 드리기 전에 미국에 방영된 한 광고 이야기를 드리고자 합니다. 이 광고에서는 네트워크 TV 방송국에서 프로그램을 편성하는 사람들을 보여주고 "이런 사람이 왜 필요하죠?"라는 질문을 던집니다. 이어서 편성하는 사람을 의자에서 번쩍 들어 창밖으로 집어던집니다. 그러곤 "당신이 직접 프로그램을 편성하세요Program your own TV Network" 하면서 끝납니다.[31]

혁신적인 기술, 소비자의 반응은?

티보Tivo라는 제품의 광고였는데 TV your way, 여러분의 방식대로 TV를 보라는 메시지가 귀에 꽂힙니다. 티보는 아래 사진처럼 생긴 제품입니다. 티보를 설치하면 좋아하는 프로그램을 녹화하는 건 말할 것도 없고 실시간으로 TV를 보다가 잠깐 자리를 비워도, 언제든지 멈췄던 장면에서부터 다시 볼 수 있습니다. 티보가 처음 출시됐던 1999년에는 특히나 혁신적인 기능이었죠.

그런데 티보가 출시되던 그 즈음, 비슷하게 소비자들을 만난 기기가 있었습니다. 'DVD 플레이어'였습니다. 아시다시피 1990년대 후반 DVD 플레이어의 기능은 TV 프로그램 녹화가 전부였습니다. 실시간으로 보다가 잠깐 어디 다녀와도 멈췄던 부분부터 다시 볼 수 있었던 티보가 기능적으로는 훨씬 우수했습니다. 하지만 지금 여러분의 머릿속에 DVD 플레이어는 익숙하지만 티보는 덜 익숙한 것처럼, 티보는 DVD 플레이어와의 경쟁에서 승리하지 못했습니

티보 |

140

다. 2005년까지 미국 소비자들은 8,000만 대 이상의 DVD 플레이어를 구매했지만, 같은 기간 티보는 겨우 400만 대가 팔렸습니다.

소비자의 습관을 과도하게 바꾸려는 상품은 실패한다

왜였을까요? 그 이유를 말씀드리기 전에 티보와 DVD 플레이어가 등장하기 전 시장을 주름잡았던 제품부터 살펴볼까 합니다. 티보와 DVD 플레이어가 출시되기 전에는 집집마다 'VHS 플레이어'가 있었습니다. 우리가 흔히 비디오라고 부르던 제품입니다. 이제는 이런 커다란 비디오테이프가 어느새 '추억의 제품'이 되었는데, 아마 여러분 가정에도 VHS 플레이어가 한 대 정도는 있었을 겁니다. VHS 플레이어와 DVD 플레이어, 그리고 티보를 한번 찬찬히 살펴볼까요?

DVD 플레이어와 VHS 플레이어의 겉모습은 상당히 비슷합니다. VHS 테이프 대신 DVD를 넣는다는 것만 다른데요. 실제 사용법도 크게 차이가 없었습니다. 애초에 DVD 플레이어가 '녹화'라는 컨셉 아래 개발된 제품이기 때문입니다. 그렇습니다. VHS 플레이어와 동일한, 크게 다르지 않은 컨셉입니다. 하지만 이에 반해 티보는 컨셉이 명확하지 않았습니다. 컨셉을 '일시정지'로 갈 것인지, 아니면 '녹화'로 갈 것인지 티보만의 컨셉이 분명하지 않았습니다.

이렇게 컨셉이 불분명한 상태에서 제품이 출시돼버렸고, 기능이 더 많아지고 좋아진 만큼 사용법도 어려울 수밖에 없었습니다. 티보 전용 리모컨은 너무나 복잡했고, 전용 운영체제의 UI 역시 너무나 낯설었습니다. 기존 VHS로 예약녹화를 할 때는 시간과 채널만 입력해두면 끝이었지만, 티보의 경우에는 별도의 티보 전용 리모컨으로 편성표 메뉴에 들어가 직접 채널을 찾고, 녹화 화질까지 선택해야 했습니다.

티보의 혁신적인 기능을 사용하려면 기존의 사용 습관을 바꿔야만 하는 상황이었습니다. 선택의 기로에 놓인 소비자들은 혁신적인 기능 대신 습관을 바꾸지 않는 쪽을 택했습니다. 컨셉이 덜 차별화된 DVD 플레이어가 오히려 더 성공한 컨셉이 되었던 거죠. 티보는 2000년대 중반, 광고 건너뛰기 기능을 추가로 개발해 관심을 끌었지만 기대만큼의 성공은 거두지 못하고 있습니다.

소비자는 사용하던 제품을 3배 좋아한다

이렇게 컨셉을 구상할 때에는 '사용 혜택이 얼마나 혁신적으로 개선되었는가?'라는 질문만 할 게 아니라, '고객의 사용 습관을 과도하게 바꾸도록 강요하지는 않는지' 고민해야 합니다. 제공하는 사용 혜택 이상으로 사용할 때 불편한 점이 많으면 컨셉력은 약화될 수밖에 없습니다.

고객이 느끼는 이 불편함을 '사용 비용'이라고 합니다. 컨셉 구상 시에는 사용 혜택을 늘리면 이에 따라 사용 비용도 늘어나지 않는지를 살펴서 사용 비용이 최소화된 컨셉을 만들어야 합니다. 앞서《손자병법》에서 이야기한 이로움이 '사용 혜택'이라면, '사용 비용'은 해로움에 해당합니다. 그래서 일곱 번째 끌리는 법칙은 바로 '이로움과 해로움, 둘 다 살펴라'입니다.

하버드 경영대학원의 존 거빌 교수는 "소비자는 자신이 현재 사용하고 있는 기존 제품의 가치를 3배 정도 과대평가하는 반면, 기업은 자신들이 제공하려는 신제품의 가치를 3배 정도 과대평가하는 경향이 있다. 양자 사이에 신제품의 가치 인식에는 9배의 갭이 존재한다"고 말했습니다.[32] 고객은 사용 혜택보다 사용 비용에 더 민감한데도, 컨셉 개발자들은 사용 혜택에 더 집중하는 경향이 많습니다. 우리가 가끔 사용 혜택이 뛰어난 혁신적인 신제품들이 실패하는 경우를 종종 보게 되는 것도 바로 이런 이유 때문입니다. 앞에서 소개한《손자병법》의 구절을 기억하시면 좋겠습니다.

개가 사나우면
술이 시어진다

이 책의 주제는 컨셉의 법칙이지만 이는 또한 중용의 법칙이기도 합니다. 우리는 그동안 서양의 영향으로 이런 지혜를 잊고 있었죠.

공자는 집기양단執其兩端하라 하였습니다. 집기양단이란 양쪽 끝을 잡는다는 의미입니다. 양쪽 끝을 모두 잡으려면 양손을 써야 하고 양 눈을 동시에 사용해야 합니다. 한쪽 손이나 한쪽 눈만 사용하지 않고 양쪽을 모두 다 사용하는 것이 세상사의 지혜입니다. 창과 방패를 모순으로 생각하지 않고 한쪽 손에는 창을, 한쪽 손에는 방패를 잡고 싸워야 합니다. 창만 갖고 또는 방패만 갖고 싸워서 이길 수는 없는 법입니다.

그런데 우리는 세상사를 창만 갖고 또는 방패만 갖고 해결하려 하죠. 그리고 세상사를 한쪽 면만 보는 외눈박이가 되죠. 양손으로 둘을 모두 사용하고 양쪽 눈으로 양면성을 보는 것이 집기양단입

144

니다.

동양은 원래 양단(음양)의 조화를 지혜로 여겨왔는데 서양의 영향으로 이런 지혜를 잊고 모순 없는 일단—端인 한쪽 끝에만 매달립니다. 이런 사고는 자동차를 운전할 때 가속 페달 없이 브레이크만 또는 브레이크 없이 가속 페달만 갖고 운전하는 것과 같습니다.

그래서 마케팅에서도 항상 고객에게 주는 혜택과 비용의 양단을 동시에 고려해야 합니다. 여기서는 혜택과 비용의 양면성에 대해 자세히 설명하겠습니다.

혜택은 구매를 촉진하는 요인이 되고 비용은 구매의 장애요인입니다. 컨셉카페 2에서 가격 대비 가치는 다음과 같이 결정된다고 하였습니다.

$$(1)\ 가격대비\ 가치 = \frac{차별성 \times 필요성 \times 유형성}{가격}$$

위 식에서 필요성 $= \dfrac{사용혜택}{사용비용}$ 으로 정의하면 가격대비 가치가 다음과 같이 바뀝니다.

$$(2)\ 가격대비\ 가치 = \frac{차별성 \times 사용혜택 \times 유형성}{사용비용 \times 가격}$$

사용 비용에는 학습 비용과 습관 변화 비용이 포함됩니다. '학습 비용'은 제품을 사용하기 위해서 사용법을 이해하는 데 드는 시간과 노력을 말합니다. 거빌 교수가 말한 대로 소비자는 변화보다는 현상을 유지하려는 경향이 있는데 이를 현상유지편향Status Quo Bias 이라 합니다. 혁신적인 신제품일수록 소비자의 사용 습관에 큰 변화를 초래합니다. 이러한 사용 습관의 변화는 소비자에게 심리적 저항감을 가져다줍니다.

소비자는 정보 탐색에 시간과 노력을 쏟고 판매자와 접촉한 후에도 문의나 구매 등 거래와 관련하여 시간과 노력을 쏟습니다. "술이 좋으면 골목이 깊고 험해도 손님이 찾아온다"는 옛말은 사실이지만 좋은 장소에 있으면 손님이 더 많이 찾아옵니다. 사용 비용 못지않게 거래 비용도 중요합니다. 제품력이 좋아도 손님이 찾아오지 않는 경우가 있습니다.

이와 관련하여《한비자》에 나오는 구맹주산狗猛酒酸이라는 고사가 있습니다. "개가 사나우면 술이 시어진다"는 뜻입니다. 송나라 어느 주막에 술을 만들어 파는 주인이 있었는데 그는 정량을 속이지 않았고 친절했으며, 술을 빚는 실력 또한 출중했습니다. 하지만 그의 술은 좀처럼 팔리지 않아 담가놓은 술이 시어버리기 일쑤였습니다.

주인은 마을에서 현자로 불리는 어른을 찾아가 까닭을 물어보았는데, 의외의 대답을 들었습니다. 주막에서 키우던 개가 사나워 손님들이 술을 사러 들어갈 수가 없다는 것이었죠. 최고의 술을 준비해놓고도 사나운 개 때문에 장사가 안 되는 것이었습니다. 이처럼 최고의 제품과 서비스를 준비해놓고도 고객이 접근하기 어려우면 장사가 안 되는 것입니다.

사용 단계에서 이로움과 해로움의 양단을 살펴야 하듯이 구매 단계에서도 이로움과 해로움의 양단을 동시에 살펴야 합니다. 고객의 접근성을 위해 인터넷으로 주문이 가능하게 했지만 인터넷으로 주문하는 결제시스템을 복잡하게 해서 고객이 불편을 겪는 경우가 많습니다. 필요하지 않은 개인정보를 요구하여 고객을 쫓는 경우가 많습니다.

구매 단계에서 이로움과 해로움을 동시에 고려하는 변수로, 고객의 거래 편리성을 거래 비용으로 나눈 접근성이란 개념을 고려해야 합니다. 그래서 접근성 $= \dfrac{\text{거래 편리성}}{\text{거래 비용}}$ 으로 표시하고 이를 (2)식에 포함시키면 다음과 같이 됩니다. 이것이 구매 시점에서도 고객에게 제공하는 가치를 고려해야 합니다. 이로움에 해당하는 거래 편리성이 있고 해로움에 해당하는 거래 비용이 있습니다.[33]

$$(3) \ \text{가격대비 가치} = \frac{\text{차별성} \times \text{사용혜택} \times \text{거래편리성} \times \text{유형성}}{\text{사용비용} \times \text{가격} \times \text{거래비용}}$$

(3)식에서 분자는 구매 촉진 요인이 되고 분모는 구매 장애 요인

이 됩니다. 마케터는 항상 구매 촉진 요인과 구매 장애 요인을 동시에 고려하여 컨셉을 개발해야 합니다.

법칙 8

PASS를 차별화하라

우리는 철학을 판다.
오토바이는 슬쩍 끼워 팔 뿐.

- 리치 티어링크, 할리데이비슨 회장

'제품'이란 무엇일까요? 하버드 경영대학원 시어도어 레빗 교수가 "어떤 것이든 차별화해 마케팅에 성공하기"라는 논문에서 던진 질문입니다. 레빗 교수는 본제품 외에도 기대제품, 확장제품, 잠재제품 같은 다양한 종류의 제품을 이야기합니다.[34] 소비자가 제품에 대한 정보를 듣는 순간부터 구매, 배달, 사용, 수리, 폐기 또는 재활용에 이르기까지 소비의 전 과정에서 어떤 특정 요소가 부각되느냐에 따라 각기 다른 이름의 제품이 만들어진다는 얘긴데요. 그리고 또 같은 논문에서 '차별화는 제품이 아닌 소비 과정을 어떻게 관리하느냐'에 의해 달성된다고도 했습니다.

저는 레빗 교수의 이런 아이디어를 받아들여서 컨셉 개발 시 차별화를 위해 고려해야 할 네 가지 요소를 선별했습니다. 바로 성능Performance, 외관Appearance, 부가물Supplement, 그리고 스마트한 과정Smart Process입니다. 이들 네 요소의 영어 앞글자가 'PASS'입니다. 사실 성능은 법칙 6과 7에서 소개하였고, 외관Appeance은 법칙 5에서 간접적으로 소개해드렸습니다. 이 장에서는 남은 두 가지 S, 부가물과 스마트한 과정에 대해 소개해드릴까 합니다.

부가물: 진동 파운데이션의 성공

GS홈쇼핑은 한경희생활과학(주)과 합작으로 2011년 5월 진동 파운데이션을 출시한 이후 2012년 9월까지 470억 원의 누적 판매액을 기록했습니다. 이 제품이 GS홈쇼핑에서 선풍적 인기를 끌자, 타 홈쇼핑에서도 화장품 회사들과 합작으로 잇달아 유사제품을 출시하였고, 같은 기간에 전체 홈쇼핑에서 팔린 진동 파운데이션은 1,200억 원에 달했습니다. 그런데 사실 진동 파운데이션의 인기를 끈 것은 파운데이션 본제품이 아닌 진동기계, 즉 '부가물'때문이었습니다.

'부가물'은 구매와 사용 단계뿐 아니라 사용 전후 그리고 구매 전후에 본제품의 구매 편의나 사용 경험을 높여주는 부가 서비스 또는 부속제품을 말합니다. 진동 파운데이션의 경우 본제품인 파운데이션의 지속력이나 발림을 골고루 해주는 부속제품인 진동기계가 오히려 본제품의 인기를 견인한 사례입니다.

최근에는 제품뿐만 아니라 서비스를 결합해서 파는 '서비사이징 Servicizing'이라는 개념이 대두되면서 부가 서비스가 컨셉에서도 중요한 요소가 되고 있습니다. 부가 서비스는 경쟁의 차원을 본제품이 아닌 다른 요소로 국면을 전환시키기에 아주 좋은 무기라 할 수 있습니다.

한경희 진동 파운데이션 |

최근 봉지라면 시장은 몇 년째 성장이 정체되어 있었습니다. 2012년 기준 약 1조 1,000억 원, 연평균 성장 약 2.5퍼센트인데, 전체 봉지라면에서 비빔면은 약 550억 원으로 약 4.7퍼센트를 점유하고 있습니다. 이 시장에서 팔도 비빔면은 1등 브랜드로서 약 57퍼센트의 점유율을 차지하고 있었습니다. 비빔면은 소비자 인식 속에 '여름에 먹는 제품'이라는 인식이 큰 제품입니다. 매년 4~9월의 매출이 연간 매출의 약 90퍼센트를 점유하는 전형적인 여름 시즌 제품이라는 한계점이 있었습니다.

이런 한계점을 극복하고 시장을 키우기 위해 여름철 별미에서 언제나 즐길 수 있는 요리로 소비자 인식을 바꾸어주기로 전략을 세웠습니다. 비빔면에 골뱅이, 참치, 삼겹살 등 여러 식재료를 추가하여 맥주 안주, 간식, 한 끼 식사 등으로 제안한 것입니다. 즉 팔도 비빔면을 다양한 부가물(보완재)과 결합하여 먹는 컨셉으로 수

정한 것이죠. 이를 위해 골뱅이와 같이 먹는 골빔면(골뱅이+비빔면)과 참치와 같이 먹는 참빔면(참치+비빔면)의 레시피를 TV 광고로 내보냅니다. 그리고 요리를 소개하는 인기 TV 프로그램에도 이런 레시피를 소개했습니다. 아울러 참치캔 업체인 동원F&B와 협력하여 매장 내 공동 프로모션도 진행합니다.

이런 부가물을 앞세우는 컨셉으로 전체 봉지라면 중 비빔면 점유율은 2012년 4.7퍼센트에서 2013년 6.3퍼센트로 증가했습니다. 그리고 팔도 비빔면의 매출도 2012년 313억 원에서 2013년에는 475억 원으로 증가했습니다.

스마트 프로세스 1 매끄럽게, 이케아

첫 번째 S인 부가물에 이어, 두 번째 S는 Smart Process, 스마트한 소비 과정입니다. 소비의 전 과정을 매끄럽게 해 고객과의 관계를 원활하게 하는 '스마트한 소비과정'을 얼마나 능숙하게 설계하느냐도 차별화의 중요한 포인트입니다. 그런데 이 스마트란 말에는 두 가지 뜻이 숨겨져 있습니다. '매끈하게seamless' 그리고 '감미롭게Sweet'인데요. 먼저 '매끈하게' 스마트한 프로세스부터 살펴보면, 스웨덴의 가구업체 이케아가 대표적입니다.

이케아의 컨셉은 '고객과 일을 나눠 고객과 함께 돈을 번다'입니다. 생산 공정에서 조립 과정을 생략해, 고객이 집에 가지고 가서 직접 조립하도록 만든 건데요. 조립품이기 때문에 가격도 물론 저렴하지만, 배달 역시 용이합니다. 구매자가 직접 집까지 운반할 수 있고, 사용하다 이사를 가게 되는 경우에도 운반이 쉽죠.

여기에 직접 제품을 조립하는 '재미' 역시 사람들이 이케아를 찾는 '무시할 수 없는 이유'가 되었습니다. 이케아는 이렇게 제조 공정의 일부를 생략한 '반제품'을 제공해 소비자가 직접 완성하도록 하는 일종의 '셀프 컨셉'으로 소비 과정을 스마트하게 단순화했고, 그 결과 오늘날의 성공을 손에 쥘 수 있었습니다.

스마트 프로세스 2 감미롭게, 움프쿠아 은행

그리고 또 한 가지, 소비 과정을 스마트하게 만드는 차별화 포인트가 있습니다. 바로 '감미롭게Sweet' 하는 프로세스입니다. 소비 과정을 매끄럽게 하는 프로세스는 듣는 순간 감이 바로 오는데 '감미롭게' 하는 프로세스라니, 도대체 어떤 컨셉을 말하는 걸까요? 미국 오리건주 벌목회사를 주 고객으로 해서 설립된 소규모 지방은행, 움프쿠아뱅크Umpqua Bank가 여러분의 궁금증을 해결해줄 수 있을 것 같습니다.

움프쿠아뱅크는 지역의 벌목 사업이 번창해 주변의 작은 은행들을 인수하며 대표적인 지방은행으로 호황을 누렸습니다. 하지만 벌목 사업이 쇠퇴하면서 1990년대 들어 존폐 위기에 처했습니다. 이때 새로 CEO에 취임한 레이 데이비스는 이런 파격적인 질문을 던집니다. "백화점이나 스타벅스에 가서는 몇 시간씩 보내는 사람들이 왜 은행에서는 그렇게 하지 않는가? 우리를 금융 서비스를 판매하는 소매상으로 생각해본다면 움프쿠아의 모습은 어떻게 달라질까?"[35]

그리고 1996년, 움프쿠아는 '고객이 머물고 싶은 은행'이라는 컨셉을 정하고, 이 새로운 컨셉을 테스트할 특별한 지점을 만듭니다. 입구에 들어서면 호텔에서 옮겨온 듯한 안내데스크가 손님을 맞이합니다. 매장에는 무료 인터넷 카페부터 움프쿠아 브랜드 커피, 투자상품을 소개하는 투자센터, 정보를 제공하는 서비스센터까지 갖추어져 있었습니다. 고객들은 매장에 들어왔다 다시 나가 간판을 확인하기 일쑤였죠. 그래서 "은행 맞아요?" 이런 문의가 폭증했습니다.[36]

위기에 직면했던 다른 은행들이 비용 절감을 이유로 자동화 시스템을 도입해 고객 대면을 줄인 것과는 달리, 움프쿠아는 오히려 매장을 고객 유치의 핵심 공간으로 인식해 지역 주민들에게 친근한 이미지를 부각시켰습니다.

지점branch이라는 용어 대신 상점store이라는 용어를 사용한 것도, 영업시간이 끝난 후 은행에서 영화 상영이나 콘서트, 주부 강

움프쿠아뱅크 |

좌를 개최하며 지역 문화활동을 후원한 것 모두 '돈을 맡기거나 빌리기만 하는 금융기관'이라는 이미지를 벗겨내는 데 큰 도움이 되었습니다. 고객들은 언제든지 움프쿠아에 들러 휴식과 만남을 갖게 되었고, 그 결과 본제품인 금융 서비스가 오히려 '부가 서비스'가 되어버렸습니다.

이러한 노력 덕분에 평소 은행을 많이 찾지 않았던 청년층이나 주부들을 고객으로 끌어들일 수 있었고, 고객이 은행에 머무는 시간이 늘어나면서 금융 거래 역시 자연스럽게 늘어났습니다.

컨셉 매장이 처음 오픈한 지 3년 만에 예금액은 2배, 금융상품 판매액은 3배로 늘어났습니다. 〈뉴욕타임스〉는 '움프쿠아는 은행이 아니라 라이프스타일'이라고 평가했고, 2011년 〈포춘〉이 선정한 '일하고 싶은 100대 기업' 중 25위에 선정되기도 했습니다.

부가물과 새로운 프로세스가 합쳐지면?

부가물과 스마트 프로세스를 결합하여 차별화할 수도 있습니다. 미국 요거트랜드의 사장 장준백은 '고객의 취향에 맞춰 직접 만들어 먹는 프로즌 요거트'라는 컨셉으로 사업을 시작한 지 6년 만에 미국, 일본, 멕시코, 필리핀, 괌 등지에 200여 개의 매장을 가진 프랜차이즈 기업으로 성장시켰습니다.

요거트랜드의 성공 비결은 다양한 맛을 즐길 수 있는 셀프 서비스에 있었습니다. 이 점포에는 주방이 따로 없고 매장 내에 꼭지가 달린 16개의 요거트 용기 통이 있습니다. 16개의 용기 통 꼭지에서는 16개 맛의 요거트가 나옵니다. 고객이 바를 잡아당기면서 컵에 담는 양을 조절할 수 있는데 자신의 입맛에 맞게 16개의 맛을

요거트랜드 |

섞어 담을 수 있습니다. 매장 가운데에는 39가지의 토핑이 전시된 토핑 코너가 있는데, 여기서 고객은 입맛에 따라 토핑을 요거트에 얹을 수 있습니다. 그리고 계산대로 가면 컵에 담긴 요거트와 토핑의 무게로만 달아 가격을 계산합니다. 아주 편리하고도 빠른 대금 지불 방식이죠.

이처럼 즐거움을 주면서도 매끄러운 스마트 프로세스에 덧붙여 소비자를 끄는 또 다른 요인이 있습니다. 바로 요거트를 떠먹는 스푼을 친환경적인 옥수수 전분으로 만들었다는 것입니다. 이는 스푼은 고객에게 무료로 제공되는 부속제품이죠. 그리고 이 스푼에 루니툰이나 헬로키티와 같은 다양한 캐릭터를 새겨넣었습니다. 소비자는 다양한 캐릭터의 스푼들을 수집하려는 부수적 목적으로도 요거트랜드를 찾아오게 되죠. 이처럼 요거트랜드는 소비 과정을 매끄럽게 하면서도 차별화된 부가제품으로 소비자들이 즐겨 찾는 브랜드가 되었습니다.

오늘도 불철주야 '차별화'를 고민하고 계신 분들을 위해 소개해 드린 끌리는 컨셉의 법칙, 그 여덟 번째는 바로 'PASS를 차별화하라'입니다. 오직 '제품' 하나에만 초점을 맞추기보다 전체 소비 과정을 살피기 위해 노력한다면, 그 과정 과정마다 숨겨져 있는 소비자들의 욕구가 어느 순간 눈에 들어오게 되실 겁니다.

철학을 팔아라,
물건은 덤일 뿐

《손자병법》에 이정합이기승以正合以奇勝이란 말이 있습니다. 이는 전쟁에서는 정공법正으로 맞서고 변칙奇으로 승부를 내야 한다는 말입니다. 그리고 기정상생奇正相生, 변칙과 정공법이 서로 상생해야 한다는 말도 있습니다. 마케팅도 손자병법처럼 정공으로 맞서고 변칙으로 맞서는 전략을 구사할 수 있습니다.

시장이 처음 형성될 때는 성능에 의한 경쟁이 일어나지만 시간이 지나면 기술의 격차가 줄어들고 경쟁 브랜드 간에 서로 성능이 비슷해집니다. 그러면 외관에 의한 경쟁이나, 부가물이나 스마트한 구매 프로세스 등이 오히려 소비자를 끌어들이는 요인으로 중요해집니다. PASS에서 P보다 ASS가 더 중요해지는 것이죠. 그렇게 되면 정공법인 P로는 지지 않을 정도로만 맞서고 ASS를 차별화 수단으로 승리를 결정짓는 것입니다. 그래서 성숙기가 되면 성능보다는 그동안 소홀히 여겼던 ASS에서 컨셉의 성공 여부가 갈리게 됩니다. 이것이 ASS로 차별화한 이정합이기승以正合以奇勝의 전략입니다.

할리데이비슨의 위기 극복

부가물은 법칙 8에서는 부가제품만을 언급했지만 부가 서비스도 부가물입니다. 그리고 부가 서비스가 부가제품 못지않은 중요한 차별화 수단입니다. 부가 서비스는 성능에서의 경쟁을 서비스 경쟁으로 국면을 전환시킬 때 사용할 수 있습니다. 도산의 위기에서 1990년대에 화려하게 부활한 할리데이비슨이 대표적 사례입니다.

할리데이비슨은 1903년에 실립된 미국 대형 모터사이클 회사입니다. 70년대만 해도 할리는 시대에 뒤떨어진 제품이었습니다. 엔진 소리가 지나치게 크고 엇박자가 났습니다. 진동도 커서 나사가 풀리는 등 고장도 잦았습니다. 연비도, 코너링도 매끄럽지 않았습니다. 그래서 일본 오토바이에 밀려 파산 직전까지 갔습니다. 그러자 할리데이비슨은 성능에서 일본 제품과 경쟁할 수 없다고 판단하고 자사의 강점을 활용하여 제품의 성능으로 경쟁하기보다는 부가 서비스로 고객 관계를 더 긴밀히 하는 전략으로 바꾸었습니다.

할리데이비슨은 '할리데이비슨을 타는 사람들의 모임(HOG,

할리데이비슨을 타는 사람들의 모임

Harley Owners Group)'을 만들어 회원에게는 모터사이클 축제에 초대하고 모터사이클 여행에 필요한 각종 정보와 서비스를 제공하였습니다. 이것은 일본 오토바이 업체가 쉽게 모방할 수 있는 전략이 아니었습니다. 일본 본사와 미국의 소비자가 떨어져 있는 상태에서 이런 전략을 따라 하기 어려웠던 것이죠. 손자병법에 "적이 방비하지 않는 곳을 공격한다攻其無備"는 말이 있는데 바로 그런 전략이었죠.

이런 노력의 결과로 결국 일본 오토바이 업체와의 경쟁에서 승리할 수 있었습니다. 소비자에게 '할리데이비슨 = 모터사이클 여행문화'를 상징하는 브랜드로 인식되었고, 결국 모터사이클이 아닌 모터사이클 여행문화를 전 세계로 수출하는 브랜드로 성장하게 됩니다. 할리데이비슨의 리치 티어링크 회장은 이렇게 말합니다.

"우리는 철학을 판다. 오토바이는 슬쩍 끼워 팔 뿐이다."

제품의 성능보다 오토바이 여행문화라는 부가 서비스를 컨셉으로 내세워 경쟁에서 승리할 수 있었던 것입니다.

여기서 주의할 것은 기奇가 힘을 발휘하려면 정正에서 적어도 경쟁자보다 뒤떨어져서는 안 된다는 것입니다. 즉 성능이 너무 떨어져 오토바이 여행문화라는 부가 서비스가 힘을 발휘할 수 없을 정도로 되어서는 안 되고 성능에서도 동등하게 맞설 수 있도록 해야 합니다. 이것이 바로 기정상생奇正相生의 의미입니다. 이케아가 스마트 프로세스로 차별화했어도 가구의 성능이나 디자인이 떨어진다면 아마 유효한 전략이 되지 못했을 것입니다.

마지막으로 법칙 8에서 소개한 PASS와 마케팅의 4P는 어떤 연관이 있을까요? 4P란 제품Product, 가격Price, 판매 촉진Promotion, 유통Place으로 마케팅 전략의 세부 요소를 말합니다. 4P는 컨셉에 따라 제품이 완성되고 브랜드가 시장에 출시될 때 마케팅 전략에 꿰어지는 요소입니다. 반면에 출시 전 제품 개발 단계에서 브랜드컨셉에 꿰어지는 것이 PASS입니다.

법칙 9

상징으로
브랜드에 의미를 부여하라

인간은 인위적 매개물, 상징의 개입에 의하지 않고는
아무것도 볼 수 없고 또 알 수 없다.

- 에른스트 카시러

오늘날 세계적으로 남성성을 상징하는 아이콘엔 무엇이 있을까요? 람보, 록키, 슈퍼맨, 터미네이터 등 여러 상징물을 생각해볼 수 있습니다. 그런데 브랜드컨셉을 위해 만들어진 상징물이라면 단연 말보로맨을 꼽지 않을 수 없습니다. 필립모리스가 말보로맨이라는 상징물을 사용하여 시장의 선두주자가 된 이야기는 전설적인 마케팅 사례로 꼽힙니다.

인간, 아니 소비자는 상징에 둘러싸여 있고, 이에 크게 영향을 받지만 이를 의식하지 못하고 살아갑니다. 그래서 독일의 철학자 에른스트 카시러가 "인간은 이성적 동물이 아니고 상징적 동물이다"라고 말한 것입니다. 그는 인간의 인식은 감성적 상징, 즉 예술적 심상 또는 종교나 신화적 상징에 영향을 받는다고 하였습니다.

상징 개념은 고대와 중세의 신화나 종교에 뿌리를 두고 있었지만 근대에는 예술 영역으로 넓혀졌고 현대에서는 마케팅에서 꽃을 피웁니다. 바로 상징이 가장 빈번히 만들어지고 활용되는 것이 마케팅입니다. 여기서는 컨셉 개발에 상징이 어떤 역할을 하는지 알아보겠습니다.

사나이는 말보로를 피운다

말보로는 지금의 남성적 이미지와는 달리 1924년 여성용 담배로 출시되었습니다. 당시에는 '5월처럼 부드러운Mild as May'이란 광고 카피와 "립스틱 화장을 망가뜨리지 않는 필터"라는 컨셉으로 여성 흡연자를 겨냥했습니다. 그러다가 1950년대 초부터 흡연이 건강에 해롭다는 과학적 자료들이 대두하면서 상황이 바뀌게 됩니다. 당시 담배업계는 필터용 담배 판매를 광고하는 데 초점을 맞추고 있었죠. 물론 지금은 사실이 아닌 것으로 밝혀졌지만, 당시 대부분의 담배 광고는 필터를 복잡한 기술과 과학 용어로 설명하며 흡연이 건강에 해롭다는 우려를 불식시키고자 하였습니다.

그러나 남성 흡연자 사이에서는 진짜 사나이라면 필터 없는 담배를 피워야지 필터 달린 담배는 여성이나 나약한 사람들을 위한 것이라는 생각이 지배적이었습니다. 당시 시장조사 보고서에 따르면 남성 흡연자도 필터용 담배로의 전환을 고려 중이지만 자신들

광고 컨셉을 바꾼 말보로 |

이 여성용 담배를 피우는 것으로 비쳐질까 우려하는 것으로 나타 났습니다.

여성을 겨냥한 말보로가 별로 인기를 끌지 못하고 있던 차에 필립모리스 마케팅 담당자는 시카고의 광고 전문가 레오 버넷에 게 말보로의 광고를 맡기게 됩니다. 레오 버넷은 말보로의 컨셉을 180도 전환시킵니다. 건강을 덜 해친다는 컨셉으로 말보로가 먹 혀들지 않자, 역으로 가장 남성적이고 독한 담배로 컨셉을 바꾸자 고 제안합니다.

그는 아이디어 회의에서 "여러분이 생각해낼 수 있는 가장 남 성적 상징물은 무엇입니까?"란 질문을 던집니다. 한 참석자가 "카우보이"라고 대답했습니다. 바로 오늘날의 말보로 상징물 '말보로 맨'이 탄생하는 순간입니다.[37] 광고 역사에서 가장 주목받는 사건이 이렇게 시작되었습니다.

그 유명한 말보로맨이 처음 신문 광고에 실린 것은 1954년이었습니다. 카우보이가 말보로 담배에 불을 붙이는 사진이었고 광고 카피는 "당신과 맛 사이를 필터가 방해하지 않는다(The filter doesn't get between you and flavor)"였습니다. 필터를 사용해도 본연의 담배 맛을 즐길 수 있다는 점을 강조한 것이죠. 이는 필터 사용으로 인한 약한 이미지를 카우보이 이미지로 상쇄하려는 의도가 담긴 표현이었죠. 말보로는 말보로맨을 활용하는 광고 캠페인이 본격적으로 개시된 1955년, 50억 달러였던 매출이 2년 후 200억 달러에 육박하며 대성공을 거두었습니다.

이후에는 미국 서부의 광활한 협곡과 산, 사막, 초원과 같은 배경과 말보로맨의 사진을 함께 보여주며 자연을 벗하여 자유롭고 강인한 삶을 사는 카우보이는 말보로를 즐겨 피운다는 것을 강조합니다. 말보로는 말보로맨에 의한 이미지 변신에 성공하여 1972년부터 세계에서 가장 많이 팔리는 담배 브랜드가 되었습니다. 말보로 광고가 등장하기 전까지 미국 담배시장에서 6위였던 필립모리스는 1975년에는 윈스턴을 제치고 1위에 오르게 됩니다.

좋은 차 K9, 갸우뚱한 컨셉

기아자동차는 2008년 초 고급차 수요 증가에 발맞추어 대한민국을 대표하는 고급 대형세단 개발 프로젝트에 착수했습니다. 이 프로젝트는 정몽구 회장이 직접 지휘하여 4년 5개월에 걸쳐 5,200억 원을 투입해 2012년 5월 신차 K9을 출시하였습니다. K9은 "고객에게 최고의 품격과 가치를 제공하는 최첨단 대형세단"이란 컨셉으로 헤드업 디스플레이나 후측방경보시스템과 같은 최첨단 사양을 국내 최초로 도입하여 큰 기대를 갖게 했습니다.[38]

기아자동차는 4대 금융지주 회장과 은행장, 대기업 CEO를 초청한 신차 발표회에서 CEO들을 대상으로 K9을 판매하겠다고 발표했습니다. 그러나 큰 기대를 갖고 출발한 K9을 소비자는 외면했습니다. 출시 당시 월 목표를 2,000대로 제시한 바 있지만 800여 대에 그쳤고 출시 7개월 만에 가격 인하를 단행했지만 효과가 없었습니다. 무엇이 잘못되었던 것일까요?

기아자동차는 출시 당시 K9 상표를 이렇게 설명했습니다. K9은 K5, K7에 이은 K시리즈의 완성이요, 기아차Kia, 대한민국Korea, 강하다Kratos는 그리스어, 동적인Kinetic의 첫 글자로, 혁신과 발전으로 글로벌 시장에서 명품 자동차 메이커가 되기 위한 의지를 표명했다고 밝혔습니다.[39] 그러나 소비자는 기아자동차의 상표 설명에서 'K시리즈의 완성'이라는 것만을 의미 있게 받아들였을 것입니

기아 K9 |

다. 그래서 소비자는 기아 K9을 K5, K7과 같은 중저가 브랜드의
하나로 생각했을 것입니다.

K9을 직접 타본 수입 브랜드의 한 사장은 이렇게 평했습니다.

"가속감 등 동적 성능이나 편의장치를 보고 솔직히 기아차 기술
력에 깜짝 놀랐다. 그러나 성능과 판매가 그대로 연결되는 것은 아
니라는 업계의 교훈이 K9 사례에서 재확인되고 있다."[40]

결국 물리적 제품에 대한 성능은 인정받았지만, 상표가 주는 자
부심은 인정받지 못한 브랜드가 된 것입니다. 물리적 제품과 상표

가 결합해서 브랜드가 되고 이 둘은 서로 상생해야 하는데, 그렇지 못한 것이죠. 물리적 제품의 성능은 고급세단에 맞추었지만 상표(기아 K9)는 중저가로 인식되니 제품과 상표가 상생이 아닌 상극이 된 것입니다.

간혹 컨셉을 개발할 때 제품의 기술적 측면에만 너무 치중한 나머지 브랜드(상표)가 주는 상징성을 살피는 것을 등한시하는 경향이 있습니다. 브랜드명을 포함하여 포장 그림과 같은 감각적 상징으로 물리적 제품을 상징하는 것을 브랜딩 또는 상표 개발이라 합니다. 그리고 브랜딩이 만들어낸 브랜드(상표)는 물리적 제품을 대신하는 기호입니다. 물리적 제품의 기술에만 에너지를 쏟다 보면 브랜딩을 충분히 고려하지 못해 종종 제품의 제품력에 걸맞지 않은 옷(브랜딩)을 입혀 출시하곤 합니다. 기아 K9이 바로 그런 사례에 해당합니다.

도요타는 고급 승용차를 출시했을 때 대중적 이미지인 도요타 상표를 사용하지 않고 렉서스라는 새로운 상표명을 만들었습니다. 반면에 K9은 기아라는 대중적인 패밀리 브랜드를 사용하였고 K9은 중저가 브랜드인 K5, K7과 연결되었습니다. 법칙 4의 화이트 사례에서 유한킴벌리 마케터는 왜 이전 상표명 코텍스 대신에 새로운 상표명 화이트를 고집했는지를 생각해봅시다. 바로 과거의 이미지와 단절하여 신제품에 걸맞은 새 옷을 입혀 출시하고자 했기 때문입니다.

애덤 스미스는 인간이 부자가 되려는 이유가 물질이 주는 안락보다는 주위 사람들로부터 존경과 인정을 받기 위해서라고 했습니다.[41] 부자가 차를 구매한다는 것은 차가 주는 안락을 넘어서 타인의 존경과 인정을 주는 '지위 상징'을 구매하는 것입니다. 바로 이런 의미는 상징을 통해서 만들어지는 것입니다. 물리적 제품과 브랜드(상표)를 분리해서 생각하는 이유는, 물리적 제품으로는 바로 안락을 주고 브랜드(상표)가 정신적 의미를 나타내는 상징물로 역할하기 위해서입니다.

상표는 제품을 나타내는 상징물이고 이 상징물이 의미 특히 정신적 의미를 암시(함축)하면 그것이 상징이 되는 것이죠. 상표명은 언어에 의한 상징이고 여기에서 말보로맨은 감각적 상징물입니다. K9의 경우에는 중저가 이미지를 갖는 상표명을 사용한 것도 문제였지만 이후에도 이를 극복할 '말보로맨'과 같은 상징물이나 브랜드 스토리도 준비하지 않은 상태에서 출시를 했습니다. 소비자가 상징물을 원하는데 상징물을 고려하지 않는 브랜드는 사람으로 치면 정신적 인격이 없는 인간과 같습니다. 그래서 아무리 건장한 몸(기술력)을 가져도 매력적으로 보이지 않습니다.

한국 정당들의 색깔 바꾸기

상징물의 부족도 문제지만 과잉도 문제가 됩니다. 즉, 불충분한 브랜딩이 신제품의 실패 요인이 되듯, 내용 없이 과도한 브랜딩도 실패 요인이 될 수 있습니다.

민주당(2014년 11월 현재 새정치민주연합)은 2014년 4월 1일 여의도 국회 앞으로 당사를 옮기며 당의 상징색을 노란색에서 파란색으로 바꿨습니다. 민주당 측은 60년 역사에 처음 있는 파격 변신이라고 했습니다. 그러나 이에 대한 논란도 수그러들지 않고 있었습니다. 민주당 내부에서도 "놀랍고 황당하다. 민주당과 노란색은 뗄 수 없다", "우파 따라 하기냐"며 반발하고 있었습니다. 2013년 대선을 앞두고 한나라당이 새누리당으로 당명을 바꾸고 당 상징색을 파란색에서 빨간색으로 바꾸었을 때도 똑같은 소란이 있었습니다. 당내 반발이 있었지만 여론도 상당히 냉소적 반응을 보였습니다.

이처럼 양당의 당명이나 당 상징색 변경에 대해 유권자가 냉소적 반응을 보이는 것은 정당이 지향하는 컨셉 없이 포장(상징)만 바꾸려 했기 때문입니다.[42] 기업에서도 포장지 색깔을 바꾸어 내부적으로 소동을 빚은 사례가 종종 있었습니다.

CJ제일제당에서 삼호어묵을 인수했을 때 일이었습니다. 가장 잘 팔리던 '부산어묵'의 포장을 고급스럽게 개선한다고 빨간색을 검은색으로 바꾸었습니다. 그러자 오히려 어묵 매출이 떨어졌습니다. 포장 색을 원래의 빨간색으로 바꾸자 매출이 원 상태로 회복되었죠. 오랫동안 보아왔던 포장의 색깔이 확 바뀌었으니 소비자는 내용물도 바뀐 것이라 생각한 것입니다. 포장의 급격한 변화를 소비자는 제품컨셉에 대한 변화로 받아들인 것입니다.

당명이나 당기黨旗, 당의 색깔은 유권자의 감각적 경험을 도와주는 상표(상징물)이며 이것은 정당이 지향하는 컨셉인 정강·정책과 하나여야 합니다. 상표(상징물)는 그 내용에 해당하는 정강·정책의 감각적 표현입니다. 정강·정책을 바꾸고 그와 동시에 당명이나 상징색에 대한 변화를 설명했어야 유권자의 이해를 얻었을 것입니다. 정강·정책에 대한 이야기는 없이 당명이나 색깔 같은 상징만 부각되니 유권자들은 의아했던 것이죠.

기업도 회사 로고나 사명을 바꾸지만 이 경우엔 반드시 새로운 비전을 수립하여 대내외에 공포합니다. 비전이란 다름 아닌 그 회사가 지향하는 컨셉입니다. 제일제당이 식품에서 사업 영역을 영화, 급식, 외식, 미디어 등 문화생활 분야로 확장하면서 CJ로 사명을 바꾸고 이에 따른 로고를 변경한 것이 좋은 예입니다.

어묵 사례에서 포장(브랜딩 요소의 하나임)의 급격한 변화를 소비자는 물리적 제품의 변화로 받아들여 구매하지 않은 것이죠. 마찬가지로 양당의 당명과 당기가 변했는데 정강·정책이 변하지 않아 유권자는 공허하게 느껴졌습니다. 여기서 당명과 당기는 상표에 해당하고 정강·정책은 물리적 제품에 해당합니다. 반대로 K9의 사례는 물리적 제품은 고급으로 변했는데 상표명은 고급으로 바뀌지 않아 소비자가 외면한 것입니다.

인간이 무엇을 인식할 때 감각 경험과 컨셉은 서로 떼려야 뗄 수 없는 하나입니다. 그래서 둘 중 하나가 없거나 둘이 따로 놀면 인식은 불완전한 것이 된다고 칸트를 인용해서 설명했습니다. 인식에서 개념과 감각이 하나이어야 하듯이 물리적 제품과 이를 상징하는 상표도 하나이어야 합니다.

177

히트상품은 상징과 상표가 상생한다

법칙 1에서 소개한 래미안 아파트의 1,000년 수령의 느티나무는 도대체 아파트와 무슨 관련이 있을까요? 그리고 덴마크우유의 명화는 우유와 무슨 관련이 있나요? 왜 새누리당이나 새정치민주연합은 정강·정책과 아무 관련이 없는 당기, 당의 색깔이나 당명에 집착했을까요?

덴마크우유 포장의 명화도, 1,000년의 느티나무도, 당의 색깔도, 그리고 화이트와 같은 상표명도 모두 상징입니다. 현대에는 나이키나 아디다스처럼 공장 없이 브랜드(상표), 즉 상징만 관리해도 거대한 기업으로 클 수 있습니다. 그리고 오늘날 기업에서는 마케팅 부서와는 별도로 브랜드(상표)가 만들어낸 이미지를 관리하는 브랜드(이미지) 관리팀을 두고 있는 기업도 많습니다. 물리적 제품과 상표는 상생이어야 하지만 현실에서는 부조화로 상극이 되기도 합니다.

인식에서 감각과 개념은 둘이면서 하나인 관계로 서로 떼어낼 수 없듯이 상표와 물리적 제품도 상극이 아니라 상생하도록 해야 합니다. 이를 위해서는 물리적 제품이 주는 혜택을 넘어 브랜드에 정신적 의미를 부여할 수 있는 상징을 활용하시기 바랍니다.

왜 스님은
도끼로 불상을 찍었을까

상징이란 우리가 익히 알거나 볼 수 있는 것으로, 알지 못하거나 볼 수 없는 것을 암시하는 것입니다. 인간은 왜 상징적 동물일까요? 인간은 물질적 행복과 더불어 정신적 가치를 추구합니다. 그런데 정신적 가치는 인간의 감각으로 느낄 수가 없습니다. 이런 인식 능력의 한계로 인간은 상징을 통해 정신적 가치를 표현하는 것입니다.

사랑하는 사람에게 선물을 통해 자신의 사랑을 표현하면, 그런 표현이 상징이 되는 것입니다. 상징은 사랑(정신적 의미)과 선물(상징물) 사이에 있습니다. 상징은 상징물과 상징물이 암시하는 정신적 의미의 결합입니다. 상징은 정신적 의미를 감각으로 느낄 수 있게 해준다는 점에서 정신과 사물(물질)을 매개합니다. 브랜드에는 제품과 상표의 양면이 있듯이 다음 그림처럼 음양이 만나는 태극

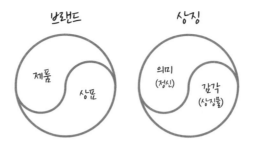

의 형상으로 상징을 표현할 수 있습니다.

칸트철학을 계승한 에른스트 카시러는 인식의 문제를 상징을 통해 문화예술에 적용시켰습니다. 인간의 선험 능력은 칸트에서는 범주로, 훔볼트에서는 언어로, 그리고 다시 카시러에 이르면 상징으로 넓혀집니다. 그리고 감각적 상징물을 통해 인간의 정신을 드러내어 그 의미를 표현한 것이 좁게는 예술과 종교이며 넓게는 문화가 되는 것입니다. 그래서 카시러는 《인간이란 무엇인가》라는 저서에 '인간문화 철학 서론Introduction of a Philosophy of Human Culture' 이란 부제를 달았습니다.

"인간은 언어 형식, 예술적 심상, 신화적 상징 또는 종교적 의례에 깊게 둘러싸여 있으므로 이러한 인위적 매개물(상징물)의 개입에 의하지 않고는 아무것도 볼 수 없고 또 알 수 없다. … 상징은 물리적 세계의 일부로 현실적 실존을 갖고 있지 않다. 그것은 '의미'

180

를 갖고 있다."

—《인간이란 무엇인가》, 에른스트 카시러[43]

컨셉카페에서 설명한 칸트의 구성주의는 언어뿐 아니라 상징에도 그대로 적용됩니다. 그래서 인간은 상징을 좇아 인식을 구성하게 됩니다. 법칙 5의 덴마크우유, 계절밥상 사례는 이를 잘 보여주고 있습니다. 그래서 인간의 인식은 '언어 구속적'이며 '상징 구속적'입니다. 그래서 인간을 상징적 동물이라 한 것 같습니다.

상징의 정신적 의미와 감각(상징물)의 양면성, 인간이 '상징 구속적'이란 말의 의미는 종교의 역사를 통해 쉽게 이해할 수 있습니다. 종교적 상징물과 종교가 포방하는 교리(정신적 의미 또는 가치)는 서로 상생하기도 했지만 한편으론 대립하고 긴장해왔던 상극의 역사도 있습니다.

천년을 이어오는 종교의 브랜딩 기법

불교의 상징인 불상과 기독교의 상징인 십자가는 언제 생겨났을까요? 예수와 석가모니가 죽은 후 그 제자들은 왜 선교 목적으로 십자가나 불상을 만들었을까요? 석가모니가 죽은 후 500년간을 무불상시대無佛像時代라고 합니다. 500년 동안에는 불상이 없었다는 것이죠.

그러다가 1세기경 북인도에 이민족인 이란계 쿠샨왕조가 들어서면서 이민족에게 전도하기 위해 불교종단에서 불상을 만들었다고 합니다. 이민족에게 산스크리트 경전을 통해 불교의 교리를 전파하기가 어려워 상징물을 만들었던 거죠. 보아야만 믿게 되니 감각적 상징물인 불상을 만든 것입니다. 불상이 만들어지면서 불교는 중국과 한국, 일본으로 빠르게 확산됩니다.

기독교의 경우도 비슷합니다. 기독교 십자가나 성상도 이민족인 게르만족을 선교하기 위해 만들어진 것으로 알고 있습니다. 성상이란 영어로는 아이콘icon으로 예수, 성모, 성인, 성경의 장면 등을 묘사한 조각이나 그림을 말합니다. 로마제국이 콘스탄티노플로 수도를 옮기면서 교회의 중심도 그곳으로 옮겨집니다. 그 후 로마제국은 395년에 동서로 분리되고 476년에 서로마제국은 게르만족에 의해 멸망하게 됩니다.

서로마제국에 남아 있던 로마 교회는 라틴어 성경(기독교 교리)으로 이민족인 게르만을 전도하기가 어려워 성상이나 십자가를 만들게 됩니다. 그러면서 로마 교회의 신자가 크게 늘어나기 시작합니다." 불교와 기독교의 역사를 보면 종교적 가치를 보편적, 대중적으로 발전시키기 위해서는 성상과 같은 감각적 상징(상징물)이 중요하다는 것을 알 수 있습니다. 이것이 종교의 브랜딩입니다.

《오감브랜딩》의 저자 마틴 린드스트롬은 브랜딩 기법을 종교에서 배울 것을 주장하였습니다. 신자들과 진실하고 영속적으로 충성된 관계를 추구하며, 보이지 않고 설명하기 어려운 무형의 현상을 상징으로 나타내는 종교의 브랜딩은 마케팅에 그대로 적용된다는 것입니다.[45]

물론 마케팅 브랜딩은 상업적 목적을 갖고 있고, 종교 브랜딩은 영적 목적을 갖고 있어 하늘과 땅만큼의 차이가 있습니다. 그래도 독자의 이해를 돕기 위해 굳이 비유하자면, 예수나 석가모니의 행적은 브랜드 스토리에 해당합니다. 기독교 황금률에 해당하는 "남에게 대접받고자 하는 대로 남을 대접하라"나 불교의 '무아無我'는 브랜드 슬로건이고, 성상이나 불상은 브랜드 심벌 또는 로고, 그리고 십자가나 염주는 브랜드 엠블럼에 해당한다고 볼 수 있습니다.

기독교의 성찬식, 불교의 연등회나 방생법회 같은 종교의례는 종교적 가치를 행위나 의식을 통해 내면화시킴으로써 종교 브랜드에 대한 충성도를 높입니다. K9의 사례에서 부족한 것이 바로 의미를 부여할 수 있는 상징물, 브랜드 스토리, 브랜드 로고, 그리고 브랜드 의례儀禮였던 것입니다. 인간은 의미를 추구하는 상징적 동물이기 때문에 의미를 부여하면 그것이 또한 사야 할 이유가 됩니다.

종교적 상징물과 종교 교리가 상생한 역사 속에는 상극이 교차하고 있었습니다. 에른스트 카시러는 "상징이 만들어지기까지는 대상이 우리에게 직접 다가오지만 만들어진 후에는 상징으로 둘러싸여 살게 된다"고 했습니다.[46] 이 말은 상징물을 만들면 상징이 의미하는 것은 주위에서 사라지게 된다는 의미입니다. 있지만 그 존재가 상징에 가려지게 됩니다.

인간은 인식 능력의 한계로 상징의 양면성에서 정신적 의미(종교 교리)보다는 눈에 보이는 상징물에 더 큰 영향을 받게 됩니다. 심지어는 상징물만 남고 정신적 의미는 사라지기도 합니다. 갑(정신)이 필요에 의해서 을(상징물)을 만들었지만 을이 갑을 대체하게 되는 현상이 발생합니다. 이것이 무서운 '상징의 힘이요, 함정'입니다. 그래서 교리와 종교 상징물은 상생 속에서 긴장하고 대립하여 상극으로 발전하기도 합니다. 상극한다는 것은 을이 갑의 역할을 해서 서로 누가 진짜인지 다투는 것을 말합니다.

이런 상극의 역사는 동로마제국 교회가 포교의 수단으로 성상 숭배를 사용한 로마 교회를 우상 숭배로 비난하면서 갈라선 사건에서도 엿볼 수 있습니다.[47] 그리고 불교에서도 어떤 선승禪僧은 법당의 목재 불상을 도끼로 찍어 불쏘시개로 쓰면서 무언의 경고를 보냅니다.

마케팅에서도 브랜드(상표)가 만들어지면 물리적 제품은 우리의 인식에서 사라져 버리고 우리 주변에는 상징인 브랜드(상표)만 남게 됩니다. 물리적 제품은 없어도 그만입니다. 이것이 바로 상징이 만들어낸 브랜드(상표)의 힘이요, 함정입니다. 그래서 가끔은 물리적 제품이나 내용은 없이 상징물만 갖고 마케팅하려는 우스운 일도 생깁니다. 새누리당이나 새정치민주연합의 당명과 당 색깔 변경이 대표적인 사례입니다. 역으로 이런 상징물의 힘을 이해하면 브랜드(상표)를 만들지 못하면 물리적 제품도 오래가지 못한다는 것을 깨닫게 됩니다. 소비자의 마음속에서 제품은 사라지고 브랜드(상표)가 만든 브랜드(이미지)만 남기 때문입니다.

칸트의 "감각이 없는 개념은 공허하고 개념이 없는 감각은 맹목적이다"라는 말은 카시러에게선 "브랜드의 구체화 없는 상징은 공허하고 상징이 없는 브랜드는 맹목적이다"라고 바꾸어 말할 수 있습니다. 브랜드의 상징화는 브랜드의 구체화와 함께 이루어져야 더 큰 효과를 볼 수 있습니다. 법칙 6에서 팻다운 사례를 통해 브랜드의 구체화를 다루었다면 법칙 5에서는 덴마크우유의 명화 사례, 법칙 9에서는 말보로맨을 통해 브랜드의 상징화를 다루었다고 할 수 있습니다.

브랜드의 구체화와 상징화 사이에 균형을 추구하는 것은 제품의 종류에 따라 달라져야 합니다. 물리적 제품이 존재하지 않는 서비스나, 감성적 만족을 제공하는 브랜드라면 상징화에 더 큰 비중을 두어야 하며, 기능적인 만족을 제공하는 제품이라면 구체화에 더 큰 비중을 두어야 합니다. 법칙 6의 팻다운 사례를 법칙 5의 덴마크우유와 법칙 9의 말보로 사례와 비교해보면 어느 쪽에 비중을 두고 브랜드를 개발해야 할지 알 수 있습니다.

방처 10

색형동물촉

처음 구입한 새 차의 냄새를 기억하는가?
그러나 새 차 냄새 따위는 세상에 존재하지 않는다.
그것은 환상으로 유도하는 인위적 구성 또는 성공적인 마케팅 기법이다.
공장 바닥에 있는 에어로졸통에 그 '새 차' 향이 들어가도록 한 것이다.

- 마틴 린드스트롬, 《세계 최고 브랜드에게 배우는 오감마케팅》 저자

컨셉 개발에서 감각의 중요성을 계속해서 언급했습니다. 감각이란 오감을 뜻하는데 구체적으로는 눈, 귀, 코, 혀, 몸을 말합니다. 이런 오감이 각각 인식하는 대상이 있습니다. 눈으로는 색깔과 모양을, 몸으로는 촉감을, 그리고 귀로는 소리, 코로는 향, 입으론 맛을 느끼는데 이런 감각 대상을 한자로 쓰면 색촉성향미色觸聲香味가 됩니다. 소비자의 인식은 물리적 제품이 촉발한 색촉성향미를 오감으로 인식한 것이 컨셉과 결합해서 일어납니다. 그래서 컨셉을 형상화할 때는 색촉성향미로 나누어 생각해보아야 합니다.

이 중에서 색촉色觸이 컨셉 개발에서 중요합니다. 일상생활에서 80퍼센트 이상의 정보가 시각을 통해 들어오며, 오감 중 촉각이 가장 확실한 감각입니다. 시각과 촉각은 사물의 공간적 관계를 규정하기 때문에 다른 세 감각보다 지속적이며 객관적입니다. 그리고 시각과 촉각은 상호 지원합니다. 눈으로도 보지만 만져봄으로써 형태, 크기, 움직임을 알 수 있지요. 여기서는 시각과 촉각을 합친 색촉을 어떻게 차별화에 응용할 수 있는지 살펴보겠습니다.

컨셉 개발도 두 가지로 생각해볼 수 있습니다. 물리적 제품의 제품 개발과 기호 또는 상징물로서의 상표 개발, 즉 브랜딩입니다. 여기서는 물리적 제품컨셉 개발에 한정하여 서술하겠습니다. 브랜딩에 해당하는 상표 개발은 컨셉카페 10에서 따로 설명하겠습니다.

색촉은 다시 색깔/형태와 크기/움직임/물성/촉감으로 나누고, 기억하기 쉽게 한자로 색형동물촉色形動物觸으로 쓰겠습니다. 그렇다면 어떻게 색형동물촉에 변화를 주어 컨셉 개발에 활용할 수 있을까요? 하나씩 살펴보겠습니다.

색깔	색色	투명 ↔ 불투명, 흑백 ↔ 컬러
형태와 크기	형形	자연 형태 ↔ 인공 형태, 대大 ↔ 소小
움직임	동動	고정 ↔ 운동, 고정 ↔ 진동 색깔의 움직임, 형태의 움직임, 크기의 움직임
물성	물物	분말 ↔ 과립 ↔ 고체 ↔ 겔gel ↔ 액체 ↔ 증기 ↔ 기체
촉감	터치감, 파지감, 촉압감觸壓感	사물의 표면 형태, 질감質感, 온도, 중량

색色, 해조소금

2006년 10월 태평소금에서 '섬들채'라는 해조소금을 출시했습니다. '맛있는 소금'이라는 컨셉으로 고급 소금으로 론칭했습니다. 이 제품은 다시마와 톳 추출물을 함수에 집어넣어 채취한 것으로 다시마와 톳은 조미료의 성분인 요오드가 풍부해 음식의 맛을 좋게 해줍니다. 수분이 증발하면 다시마와 톳의 성분이 소금의 결정에 달라붙어 갈색을 띠게 됩니다. 그래서 해조소금은 색깔뿐 아니라 맛도 일반 소금과 차별화되었습니다. 결과적으로 맛과 색깔(유형요소)의 차별화가 동시에 달성되었습니다.

섬들채 겉포장에는 '소금이 맛있다'라는 문구를 넣었으며 뒷면은 투명 창으로 만들어 소금이 갈색인 것을 소비자가 볼 수 있게 하였습니다. 대기업 브랜드보다 높은 가격으로 출시하였고 출시 직후에는 염전체험단을 2년 동안 무료로 진행하여 입소문 마케팅을 전개하면서 고급 호텔과 고급 식당을 중심으로 납품하였습니다. 조금씩 섬들채란 브랜드가 알려지면서 대형 할인점에도 진출해 중소기업에서 개발한 브랜드지만 차별화된 컨셉으로 소금시장을 선도하고 있습니다.

형形, 쁘띠첼

CJ제일제당의 쁘띠첼은 2002년 2월에 '상큼한 과일 디저트'라는 컨셉으로 출시되어 첫해 104억 원 그리고 다음 해에 207억 원의 매출을 기록한 히트상품입니다. 쁘띠첼은 투명용기 안에 과일 조각을 집어넣었고 손에 잡으면 특별한 촉감을 느끼도록 투명용기에 물결무늬를 주었습니다. 과일은 통조림 과일이지만 우뭇가사리로 만든 투명한 젤리 안에 넣어 생과일처럼 보이게 했습니다. 소비자가 투명한 용기 안에 들어 있는 것을 보고 그것이 생과일이라는 점을 인식할 수 있었죠.

소비자가 인식할 때 그것이 어떤 사물인지 인식할 수 있도록 원형을 그대로 보존해야 유형성이 높아집니다. 언어로 표현할 때도 원형이 변형되었어도 원래 형태를 더 강조해서 말해야 합니다. 그냥 후춧가루가 아니고 '100퍼센트 통후추를 갈아 만든 후춧가루'로 표현하는 것이 더 좋습니다.

동動, 올림피아 가방

움직임이 시각적 요소가 되는 이유는 사물을 배경으로부터 분리시켜 사물의 형태를 쉽게 알아볼 수 있게 해주기 때문입니다. 따라서 움직임은 형태와 연관되어 있지요. 보호색을 사용하는 동물들은 주위 환경과 구분되지 않도록 위장하는데 이들이 정지해 있다 움직이면 배경과 구분되어 동물의 형태가 드러나게 됩니다. 고정되어 있는 것을 움직이게 하거나 진동을 주면 차별화와 유형성을 동시에 달성할 수 있습니다.

미국 교포 유철수 씨는 1982년, 여행용 가방업체인 올림피아를 설립하고 감각적인 디자인과 품질로 북미 여행용 가방 브랜드 5위에 올려놓았습니다. 당시 여행용 가방은 검은색 일색이었지만 밝은 색깔과 화려한 프린팅으로 가벼우면서도 디자인이 좋은 가방을 생산하는 업체로 알려졌습니다. 이 기업이 이렇게 도약하게 된 계기는 2001년 배낭에 바퀴를 단 롤링백팩을 시장에 출시하면서입니다. 이 제품은 학생들이 무거운 백팩을 메고 등교하는 것을 보고 끌고 다닐 수 있게 백팩 아래에 바퀴를 부착하여 크게 히트하였습니다. 이 제품은 출시하자마자 선풍적 인기를 끌어 2001년 8월 미국의 〈컨슈머리포트〉에 최고의 제품으로 선정되었으며 7년간 700만 개 나 팔렸습니다.

올림피아 가방 |

고정되어 있는 것에 움

직임과 진동을 주어 차별화할 수 있지만 형태, 크기, 색깔 등에 움직임을 주어 차별화된 컨셉을 개발할 수도 있습니다. 스테레오 음향기기의 크기를 줄여 휴대하기 좋게 만든 워크맨이 있습니다. 색깔이 달라지게 하여 차별화한 예로 오랄비 칫솔이 있습니다. 오랄비 칫솔은 칫솔모가 마모되면 색깔이 변해 교환 시기를 알려주도록 하여 크게 성공하였습니다.

시각과 촉각은 서로 지원하기 때문에 명확히 구분하기 어렵습니다. 다음에 소개할 물성이나 질감은 시각요소인 색色이면서도 촉각요소인 촉觸에 속하기도 합니다.

물物, 인코코 네일스티커

고체, 액체, 기체 그리고 고체를 분해하여 분말, 과립 등으로 성질을 바꿀 수 있습니다. 미국 교포 박화영 씨는 뉴욕의 손톱관리실에서 일하며 20~30분을 꼼짝없이 앉아 손톱을 말려야 하는 고객들의 불편함을 목격합니다. 그는 '말릴 필요 없는 매니큐어' 컨셉을 생각하고는 바로 액체 상태의 매니큐어를 얇은 필름(고체)으로 물성을 바꾼 '붙이는 매니큐어 필름'을 개발합니다.

그가 설립한 회사 인코코는 이 제품으로 2010~2011년 세계 화장품시장에서 단일 품목으로 최대 매출을 기록합니다. 이 제품은 화장품 산업에서 가장 혁신적인 제품으로 소개되었고 이 제품의 출시로 매니큐어의 매출이 립스틱의 매출을 추월하였다고 합니다.

2008년 아모레퍼시픽은 에어쿠션을 개발했습니다. 기존의 팩트나 손으로 짜서 쓰는 크림 제형 대신 스펀지에 파운데이션과 선크림을 섞은 제품을 머금은 형태로 돼 있습니다. 잉크를 머금은 스펀지에서 힌트를 얻은 이 제품은 압축된 분말 형태였던 파운데이션을 액체로 바꾸고 이를 스펀지에 흡수시켜 사용하게 한 거죠. 얼굴에 직접 손을 대지 않고도 에어퍼프(화장솜의 일종)로 쉽게 바를 수 있고 화장 효과도 좋아 인기를 얻었습니다. 이 제품은 입소문만으로 출시 5년 만인 2013년에 3,200억 원의 매출을 달성했습니다.[48] 이 밖에도 겔포스는 알약 위장약을 액체 위장약으로, 비타 500은 알약 비타민을 액체 드링크로 물성을 바꾸어 성공했습니다.

인코코 매니큐어 필름 | 아이오페 에어쿠션 |

촉觸, 라벨르

촉감 가운데는 손끝으로 느끼는 터치감touch, 손으로 물건을 잡을 때 느끼는 파지감haptic sense, 피부에 느껴지는 압박감에 해당하는 촉압감, 온도감, 중량감이 있습니다. 이 중에서 터치감, 파지감, 촉압감이 제품컨셉에서 중요합니다.

촉감이 소비자들의 구매 의사 결정에 미치는 영향을 조사한 결과, 스포츠웨어를 구매하는 소비자 82퍼센트는 손끝으로 느끼는 질감을 중요시한다고 하였습니다. 자동차를 구매하는 소비자의 49퍼센트는 핸들을 조정하면서 손에 잡히는 파지 감각이 구매에 중요한 영향을 미친다고 답하였습니다.[49] 영어로 텍스처texture라고 하는 촉감은 사물의 재질이나 표면과 같은 시각요소이기도 하지만 촉각에 의해 더 잘 파악이 됩니다.

촉압감은 시각요소인 형태나 움직임과 결합하여 사물의 무게, 속도, 진동을 피부로 느끼는 것입니다. 촉압감도 움직임의 일종인 진동과 상호 지원하면서 차별화에 유용하게 활용할 수 있습니다.

중소기업인 정훈기공㈜은 피부 각질을 제거하고 콜라겐이나 비타민C 등 피부미용에 좋은 약리성분을 피부에 깊숙이 넣어주는 피부미용기기 '라벨르'를 생산하고 있었습니다. 기존의 방식은 이온 도입 방식이거나 초음파를 이용해 피부에 침투시키는 방법이었습니다. 정훈기공에서는 두 방식을 혼합한 피부미용기 '참스'를 시장에 출시했지만 시장의 반응이 신통치 않았습니다. 소비자가 약품이 피부에 침투하는 것을 감각적으로 느끼기 어려웠기 때문입니다.

이에 피부미용기에 '진동'이라는 움직임과 아울러 약리성분이 흡수되도록 제품을 변경하여 '라벨르'란 브랜드로 새롭게 출시하였습니다. 이 피부미용기는 미세한 진동으로 물기가 묻은 얼굴에 수분 입자가 튀면서 각질이 제거되는 모습을 볼 수 있고, 얼굴이 뽀얗게 됨으로써 사용자가 촉각과 시각으로 제품의 편익을 느낄 수 있게끔 설계되어 있습니다. 즉, 피부미용기의 진동과 같은 시각 효과와 진동으로 인한 얼굴에 느껴지는 촉압감이 결합하여 브랜드를 성공시킨 사례입니다. 법칙 8에서 소개한 한경희 진동파운데이션도 진동과 촉압감이 결합하여 성공한 사례입니다.

파지 감각이나 손끝 감각(터치감)은 기계나 전자제품 등의 리모컨과 같은 UIUser Interface를 설계하는 데 중요한 요소입니다. UI는 사용자와 전자제품 같은 정밀제품을 매개하는 장치로, 기계에서 소비자가 가장 접촉이 많은 영역입니다. UI를 편리하게 하거나 변화시키는 새로운 촉감을 개발하여 컨셉을 크게 차별화시킬 수 있습니다. 삼성전자가 2008년에 출시한 '햅틱폰'은 '만지면 반응한다'는 컨셉으로 출시되었습니다. 저장된 사진을 보기 위해 화면의 사진 위에 손가락을 갖다 댄 뒤 마치 책장을 넘기듯 손가락을 왼

쪽이나 오른쪽으로 밀어주도록 되어 있어 소비자로부터 호평을 받았습니다.

소비자가 감각으로 느끼기 전까지는 제품컨셉이 완성된 것이 아닙니다. 아무쪼록 감각의 옷, 색촉성향미를 제품컨셉에 맞게 코디하시기 바랍니다. 특히 감각의 옷 중에서 시각, 촉각과 관련된 색형동물촉에 변화를 주어 유형성이 높은 차별화된 제품컨셉을 만들어보시기 바랍니다.

법칙 8에서는 "차별화를 PASS하라"고 했습니다. 이 둘을 결합하면 감각의 옷을 입혀 PASS하는 것입니다. 물리적 제품에 색형동물촉이라는 감각의 옷을 입혀 제품컨셉을 구체화시켜야 합니다. 감각의 옷은 제품요소인 PASS에서 A(외관)에 가장 큰 영향을 줍니다. 성공적인 차별화를 위해서는 A(외관)가 P(성능)에도 영향을 주도록 설계해야 합니다. 앞에 소개한 사례들은 A가 P에도 영향을 주어 성공한 사례이지요. 즉, 붙이는 매니큐어 필름은 기존 액체 형태의 매니큐어와 외관A도 확연히 구분되지만 더 나은 성능P, 즉 편익도 제공합니다. 또한 감각의 옷을 입힐 때 PA 외에도 S(부가물)와 S(스마트한 과정)에도 영향을 주도록 세심하게 고려해야 합니다.

또 다른 감각의 옷
성향미 聲香味

법칙 10에서 감각요소인 색촉성향미 중 시각과 촉각 요소인 색촉色觸을 중심으로 컨셉 개발을 제안한 것은 쇼펜하우어의 감각이론을 따른 것입니다. 그는 오감에서 객관적 감각은 촉각과 시각뿐이고 청각, 후각, 미각은 본질에 있어 주관적이라고 주장했습니다. 이 세 감각은 외적 자극을 지시하지만 자극의 공간적 관계를 규정하는 정보를 제공하지는 않습니다.

이를테면 후각을 통해서는 결코 장미의 이미지를 구성할 수 없습니다.[50] 이미지를 구성할 수 없다는 것은 자극의 정체를 파악하기 어렵다는 뜻입니다. 파악해도 주관적이라는 것입니다. 뿐만 아니라 청각, 후각, 미각에 대응하는 성향미聲香味는 특정 시점에서 발생했다 사라집니다.

성향미는 영향도 지속적이지 못할뿐더러 조작도 어려워 유연성이 떨어집니다. 색촉은 구매단계에서 사용단계까지 지속적인 영향을 주지만 성향미는 주로 사용단계에만 영향을 주고 사라지는 경향이 있습니다. 그러나 소매업이나 서비스업과 같이 고객과 같은 장소에서 만나 서비스가 이루어지는 업종에서는 성향미도 강력한 무기가 될 수 있습니다. 법칙 10에서는 색촉을 중심으로 설명하였지만 여기서는 성향미에 대해 추가로 설명하겠습니다.

감각 대상	세분화	특징	작용 시점	활용 업종
색촉 色觸	색형동물촉 色形動物觸	공간적(지속적), 객관적	구매와 사용단계 모두	제조업과 서비스업 모두
성향미 聲香味	성성과 향미 香味	시간적(일시적), 주관적	주로 사용단계	주로 소매업이나 서비스업

성聲: 소리는 시각 다음으로 많은 정보를 전달합니다. 소리와 관련된 기술엔 소음이나 잡소리를 줄이는 사운드 클리닝과 좋은 소리를 만드는 사운드 디자이닝 기술이 있습니다. 2006년 10월 삼성전자가 내놓은 스텔스 진공청소기는 기계음은 최대한 죽이고 먼지를 빨아들이는 소리는 귀에 잘 들릴 정도로 키웠습니다.[51] 같은 기계음이라도 먼지를 빨아들이는 소리는 청소가 잘 되고 있다는 것을 소비자에게 확인시켜주는 의미 있는 신호음이기 때문에 제거 대상이 아니고 오히려 정확히 들려주어야 한다는 것입니다. 소매업이

나 서비스업에서는 매장 컨셉에 맞는 음악을 배경음으로 사용하여 고객에게 쇼핑이나 서비스를 즐거운 체험으로 만들어줍니다.

향香: 소매업에서는 매장 내에 향을 분사하여 고객의 구매를 유도합니다. 2006년 미국의 최대 이동통신사인 버라이즌 와이어리스는 LG전자에서 개발한 초콜릿폰을 판매했습니다. 그때 매장 내 계산대 주변과 진열대 주변에 초콜릿 향을 분사하여 초콜릿폰의 시각적 컨셉을 향으로 보완하여 판매에 크게 성공하였습니다. 마찬가지로 스웨덴 스톡홀름의 한 식료품 가게에서는 과일코너에 인공 오렌지 향을 분사하였고 그 결과 오렌지 판매량이 눈에 띄게 증가하였다고 합니다.[52]

서비스업에서 브랜딩에 향을 사용하는 대표적 사례로 싱가포르 항공사를 꼽을 수 있습니다. 싱가포르 항공은 비행기 안에 '스테판 플로리디안 워터스'라는 고급 향수를 뿌린다고 합니다. 승무원들도 이 향수만 사용하게 할 뿐 아니라 승객들에게 나누어주는 뜨거운 물수건에도 향수를 뿌린다고 합니다. 그 결과 싱가포르 항공을 자주 이용하는 고객은 이 고급스러운 향을 이 항공사와 동일시했다고 합니다.[53]

미味: 미각은 오감 중에서 가장 사회적인 감각입니다. 이 세상에서 가장 맛있는 밥상은 사랑하는 사람들과 같이하는 밥상이며, 우리는 원수와는 밥을 같이 먹지 않습니다. 인간은 선천적으로 타인의 감정에 동감하는 능력을 타고 태어났습니다. 오감 중 미각이 인간의 동감 본능과 가장 밀접하게 연결되어 있습니다. 미각이 중심이 된 컨셉에서는 사회적 감각이라는 점을 고려하여 "함께 먹었을 때 어떨까?"를 상상하면서 컨셉을 개발해야 합니다.

향미香味: 시각과 촉각이 서로 지원하듯이 후각과 미각은 서로 지원합니다. 후각은 기체 분자가 콧속의 감각수용기를 자극하여 작동하며 미각은 입속 감각수용기에 접촉하는 액체 분자에 대한 반응으로 작동합니다. 둘 다 화학 분자에 대한 반응이라는 점이 공통입니다.

음식 용액을 혀에 떨어뜨려 음식물의 정체를 알아내도록 하는 실험에서 코를 막은 상태에서는 막지 않은 상태에 비해 음식물을 잘 알아내지 못하는 것으로 밝혀졌습니다.[54] 이는 입안의 음식물에서 방출된 냄새 분자가 입안과 연결되어 있는 비강을 통해 후각 점막을 자극하기 때문에 코를 막으면 후각이 작동하지 않아서입니다. 이렇게 후각은 미각을 지원해주는 역할을 합니다. 그래서 두 감각을 향미香味로 합쳐 부릅니다.

법칙 10에서 소개한 쁘띠첼 사례에서는 젤리에 과일 조각과 함께 과즙을 넣었습니다. 과즙은 입안에서 짧은 시간에 확 퍼져 후각을 자극하게 되어 상큼한 맛을 강화해줍니다. 그래서 '상큼한 과일

브랜드컨셉 사각형

	물리적 제품	상표
언어 (컨셉)	제품개발	브랜딩 (상품개발) (브랜드명, 브랜드스토리)
감각	(색촉성향미)	(색촉성향미)

디저트'라는 컨셉을 감각적으로 뒷받침하고 있습니다. 식료품을 취급하는 소매점이나 음식점에서는 입구에 커피 향, 빵 굽는 냄새, 고기 굽는 냄새 등을 나게 하여 고객을 유인합니다.

브랜딩에 활용되는 촉성향

색촉성향미는 물리적 제품의 차별성을 높이는 데도 사용되지만 브랜딩 즉, 상징물로 브랜드(상표)의 정체성을 높이는 데도 사용됩니다. 브랜딩에 사용되는 오감요소는 제품의 성능P에는 영향을 주지 않고 외관A에만 영향을 주어 브랜드(이미지)의 정체성을 높이는 역할을 할 뿐입니다. 그러나 법칙 5에서처럼 외관을 통해 기대를 높이면 사용 경험이 높아지듯이 간접적으로 물리적 성능P에 영향을 줄 수 있습니다. 2011년 12월 상표법이 개정됨에 따라 기존에는 색깔이나 도형과 같은 시각적 요소만 등록이 가능했으나 이제는 소리와 냄새도 등록이 가능하게 되었습니다. 여기서는 색(시각요소) 외에 브랜딩에 활용되는 촉성향觸聲香에 대해 살펴보고자 합니다.

촉觸: 촉감은 시각적 요소로 표현할 수 있기 때문에 이전에도 상표 등록이 가능하였습니다. 촉감을 브랜딩에 활용한 것은 코카콜라입니다. 올해로 128년 된 코카콜라가 패키지(포장) 혁신을 거듭하고 있습니다. 아름다운 여성의 신체 곡선을 닮았다며 출시 때부터 화제를 낳았던 코카콜라 유리병 '컨투어 병'은 1915년 경쟁사와 차별화하기 위해 미국 본사 인디애나루트 유리공장의 알렉산더 새뮤얼슨이 고안했습니다. 실제로는 여성의 곡신이 아닌, 코코넛 열매를 본떠 만들었다고 합니다. 이 병 모양은 약 4조 원의 가치로 평가받고 있습니다. 35회 생일을 맞은 1950년에는 소비재로서는 처음으로 〈타임〉지 표지를 장식하기도 했습니다.[55]

쇼펜하우어에 따르면 색촉에서 촉이 색보다 더 근원적이고 중요하다고 합니다. 촉각은 비록 접촉에 속박되어 있지만, 확실하고 다양한 자료를 제공하므로 가장 기본적 감각입니다. 시각은 접촉을 필요로 하지 않아 빛, 그림자, 투명함의 가장 세밀한 차이를 감각하므로 세밀히 규정된 많은 정보를 제공합니다. 그러나 시각은

코카콜라 컨투어 병

빛에 의해 매개되기 때문에 많은 착각에 노출되어 있습니다. 그래서 시각은 불완전하지만 멀리 가는 촉각이라 할 수 있습니다.[56]

우리는 멀리서 사물을 보더라도 더 자세한 정보를 원하면 가까이 다가가 손으로 만져본 후에 재질이나 표면이 세밀하거나 거칠거나, 부드럽거나 딱딱하거나, 뾰족하거나 무딘 정도를 알아봅니다. 소비자는 구매단계에서 마찬가지로 눈으로 제품을 보고 관심이 생기면 손으로 만져본 후에 최종적으로 구매를 결정하는 경우가 많습니다. 그래서 소비자에게 제품을 만져보고 탐색할 기회를 제공해야 합니다.

그리고 촉감 중 마케팅에서 중요한 것이 법칙 10에서 설명한 손끝 감각(터치감)과 파지 감각입니다. 왜냐하면 외부 자극을 받아들이는 피부의 감각수용기는 피부에 고르게 분포되어 있지 않고 특

205

정 부위에 집중되어 있습니다. 예를 들면 팔뚝의 감각수용기 밀도는 손가락 끝의 10분의 1입니다. 팔뚝보다는 손바닥이, 손바닥보다는 손가락 끝에 감각수용기의 밀도가 높습니다.[57]

성聲: 가장 널리 알려진 소리를 브랜딩에 사용하는 것에는 마이크로소프트의 윈도 시작음이 있습니다. 마이크로소프트는 윈도 비스타를 실행시킬 때 시작음으로 사용할 소리를 정하는 데 18개월 동안 공을 들였습니다.[58] 소리를 브랜딩에 활용하는 또 다른 예는 광고에 사용되는 징글jingle입니다. 징글이란 멜로디나 운율이 수반된 광고 슬로건을 의미하고, 보통 CM송이라고도 합니다. '하이마트로 가요'와 같은 징글은 일종의 소리 브랜딩의 예입니다.

향香: 서비스업에서는 향이 직접 서비스 품질을 향상시키는 요소인지 아니면 브랜딩에 의한 상징물인지 구분하기 어려운 경우가 많습니다. 단지 향을 다른 업체와 구별하려는 브랜딩으로 생각했어도 매장에서 이를 품질단서로 활용하여 제품의 품질에 대한 기대 수준을 높이는 경우가 많기 때문이죠.

앞에서 싱가포르 항공은 비행기 안에 '스테판 플로리디안 워터스'라는 향을 자사의 향기 브랜드로 등록하여 사용하고 있다고 했습니다. 향은 승객에게 품질단서로 활용되어 서비스 품질 수준 평가에 긍정적 영향을 줍니다. 마찬가지로 패션 브랜드 아베크롬비는 1892년 론칭되어 편안하고 젊은 느낌의 캐주얼 룩으로 청소년 뿐 아니라 전 연령층에 마니아를 둔 대중적 브랜드입니다. 아베크롬비는 매장 입구에 중독성 있는 향기를 뿌려놓아 이 매장의 정체성을 나타내고 이 향을 '아베크롬비 앤드 피치 피어스'라는 향수 제품으로 판매하고 있습니다.

컨셉 개발에는 오감이 두 가지로 활용됩니다. 하나는 제품컨셉을 위해 색형동물촉色形動物觸과 성향미聲香味를 나누어 생각하는 것이고, 다른 하나는 상징물로 브랜드(상표)를 개발하기 위해 색촉성향미色觸聲香味로 나누어 생각하는 것입니다. 이를 법칙 8의 PASS와 결합하면 32개의 조합으로 컨셉의 차별화에 활용할 수 있습니다.

$$(색형동물촉 + 성향미) \times PASS$$
$$8가지 \times 4가지 = 32가지 \ 아이디어$$

법칙 11

스토리를 개발하라

위대한 기업과 그렇지 않은 기업의 차이는
스토리가 있느냐 없느냐의 차이다.

- 자일스 루리, 《폭스바겐은 왜 고장난 자동차를 광고했을까?》 저자

이야기는 흡인력을 갖고 있습니다. 그래서 오래전부터 이야기를 활용하여 사람의 마음을 붙잡으려 했습니다. 신화, 전설, 종교 스토리도 다 이런 목적으로 인간을 교육하려 한 것이죠.

오늘날에는 스토리텔링이 소비자 마음을 사로잡는 방법으로 주목을 받고 있습니다. 미국의 브랜드 컨설팅 회사 '싱크토피아'의 최고경영자인 패트릭 한론은 "강력한 브랜드가 되기 위해서는 사람들이 계속해서 서로 이야기를 나눌 수 있는 '브랜드 스토리'를 제공해야 한다"고 말했습니다. 브랜드의 매력과 장점을 소비자에게 세련되게 표현하는 브랜드 스토리가 상표 개발의 중요한 요소가 된 것입니다. 그래서 최근에는 제품을 개발할 때 브랜드를 묘사하거나 상징하는 스토리를 개발하는 기업이 늘고 있습니다.

실연당한 누나를 위해 만든 메이블린 마스카라

스토리 닥터라는 별명을 가진 저명한 극작가 로버트 맥기는 "이야기는 자신의 욕구를 충족시키기 위해 주로 외부의 저항세력과 맞서서 싸우는 활동적인 주인공을 중심으로 구성된다"고 했습니다.[59] 고객의 고충을 파악하면서 그들의 욕구를 충족시키려는 컨셉 개발자의 두뇌 싸움과, 이야기 속에서 주인공의 욕구를 충족시키면서 독자의 흥미를 유발하는 작가의 두뇌 싸움은 본질적으로 같은 것입니다. 그래서 주인공의 욕구가 충족되어가는 과정이 담긴 스토리를 만들어 브랜드컨셉을 뒷받침할 수 있습니다. 대표적인 브랜드를 소개해드리겠습니다.

"아름다운 눈이 미인을 만든다. 우리 제품을 사용하면 모든 여성이 미인이 될 수 있다."

'보통 사람을 위한 최초의 아이 메이크업 브랜드'라는 컨셉으로 1915년 탄생한 메이블린의 광고 슬로건입니다. 메이블린은 1970년대 초, 1초에 1개씩 팔렸다는 속눈썹 마스카라로 선풍적 인기를 끌었는데요. 그런데 여러분, '메이블린'이라는 브랜드 네임이 어떻게 탄생했는지 혹시 알고 계십니까?

메이블은 창업주 톰 라일 윌리엄스의 누나입니다. 동생 윌리엄스와 함께 살고 있었던 메이블은 어느 날, 교회에서 만난 체트라는 남성과 사랑에 빠졌습니다. 문제는 체트가 메이블을 두고 다

른 여인과 사랑에 빠져버렸다
는 사실입니다. 윌리엄스는 상
심에 빠진 누이를 위해 남자
의 마음을 돌릴 방법을 연구
하기 시작했고, 그 결과 탄생
한 것이 바로 바셀린에 석탄
가루를 혼합한 '최초의 마스

초창기 메이블린 마스카라 |

카라'입니다. 진하고 풍성해진 속눈썹 덕분에 메이블은 체트의 사
랑을 되찾을 수 있었고, 그 후 오래오래 행복하게 살았다고 하는데
요. 두 사람이 결혼한 이듬해, 윌리엄스는 메이블과 바셀린을 합성
한 '메이블린'이라는 이름으로 회사를 설립했습니다.

소비자는 스토리에 몰입한다

로버트 맥기는 이렇게 말했습니다. 주인공이 외부의 저항세력과
맞서 욕망을 추구하는 것이 이야기라고요. 이야기의 시작은 어떤
사건에 의해 삶의 균형이 무너진 주인공이 그 균형을 회복하고 여
러 적대자와 맞서는 사건으로 구성된다고 하였습니다.[60]

  작가는 관객을 몰입시키기 위해 주인공의 삶의 균형을 깨뜨립
니다. 그리고 균형을 찾기 위해 적대자와 주인공을 돕는 조력자 간

갈등으로 이야기를 전개하게 됩니다. 갈등이 없으면 이야기는 김 빠진 맥주처럼 재미가 없지요. 메이블린 창업 이야기는 누이가 주인공이 되고 메이블린 창업자인 남동생은 조력자로 등장합니다. 누이의 애인은 적대자인 거죠. 누이는 애인의 식은 사랑 때문에 삶의 균형이 깨지자 남동생의 도움으로 사랑을 되찾으며 삶의 균형을 회복합니다.

등장인물	메이블린 이야기의 등장인물	브랜드 스토리
주인공	누이 메이블	표적고객이 동감(감정이입)할 수 있는 사람
조력자	남동생 윌리엄스	브랜드나 브랜드를 상징하는 인물
적대자(장애물)	누이의 애인 체트(의 외면)	욕구 충족을 가로 막는 사람이니 시긴

이런 이야기 전개는 마케팅 상황에서는 욕구가 좌절됨으로써 삶의 균형이 깨지다가 욕구가 충족되어 균형을 회복하는 과정을 드러내 브랜드컨셉을 뒷받침합니다. 메이블린의 이야기 전개도 '아름다운 눈을 만들어 사랑을 되찾게 해주는 마스카라'라는 메이블린의 브랜드컨셉과 정말 잘 맞아떨어지지 않습니까? 이렇게 '스토리텔링'을 잘 활용하면, 컨셉을 직접적으로 주장하지 않아도 소비자가 스토리를 통해 컨셉을 스스로 추론할 수 있기 때문에 설득

력이 훨씬 높아집니다. 흔히들 이야기하는 '소비자의 심리적인 저항'이 사라지는 것이죠.[61]

그런데 한 가지, 브랜드 스토리를 고려할 때 주의할 점이 있습니다. 이렇게 브랜드 스토리를 만들어서 활용하다 보면 완성도 면에서는 좋지만 긴 이야기를 소비자에게 전달하여 기억시키려면 마케팅 비용이 많이 듭니다. 그래서 간결성을 고려해야 합니다.

간결하면서도 몰입도를 높이기 위해서는 어떻게 해야 할까요? 법칙 13에서는 새로운 컨셉을 전달하는 데 '익히 알고 있던 개념'을 활용하여 표현하는 방법을 설명할 것입니다. 스토리도 '익히 알고 있는 스토리'를 활용하는 것이 더 효율적입니다. 표적 고객이 스토리를 잘 알고 있으면서도 동감 즉, 감정이입할 수 있는 스토리의 캐릭터를 활용하는 것입니다. '잘 알려져 있는 이야기'는 숨어 있는 지하자원같이 마케팅 자원으로 인식해야 합니다.

루스벨트, "함께하면 실패하지 않는다"

스토리 캐릭터를 활용하는 방법 중에는 그 캐릭터가 남긴 명언을 활용하는 것도 있습니다. 2008년 말 필자는 학교 같은 과 선배 교수의 총장 선거를 도왔습니다. 그 선배 교수는 섬김의 리더십을 항상 강조해왔고 이에 맞춰 '함께하는 변화'라는 컨셉을 만들었습니다. 선거 막바지 정견 발표회에서 루스벨트 대통령의 "함께하면 실패하지 않는다Together we cannot fail"란 연설을 활용하기로 하였습니다. 이는 미국의 루스벨트 대통령이 대공황 시 노변정담(fireside chat, 벽난로나 화롯가에 둘러앉아 서로 한가롭게 주고 받는 이야기를 말한다)이라 일컬어진 대국민 라디오 방송에서 말한 내용이었죠.[62] 정견 발표회에는 루스벨트 대통령이 대공황을 극복한 스토리를 사용하기로 하였습니다.

2008년 말은 미국에서 발생한 금융위기로 세계경제가 침체기에 접어들었을 때입니다. "세계 동반 경기침체, 휴학, 도산과 실직의 공포……. 이런 것들이 우리 학교와 무관하다면 얼마나 좋겠습니까?"라고 하면서 학교가 위기 상황이라는 것을 설명했습니다. 그리고 루스벨트 대통령이 공황을 극복한 이야기를 소개하면서 루스벨트 대통령의 '함께하는 리더십'이 '함께하는 변화'와 같다는 것을 암시하였습니다. 그리고 발표 중간중간에 루스벨트의 사진과 함께 "함께하면 실패하지 않는다"는 문구를 인용하고 공약을 간단히 요약하였습니다. 루스벨트의 공황 극복 스토리를 잘 활용한 덕분일까요. 필자가 도운 분이 총장으로 선출되었습니다.

캐릭터에 감정이입이 되게 하라

맨 먼저 소개해드렸던 메이블린 스토리를 생각해볼까요? 이 스토리에 등장하는 사랑하는 남자를 빼앗긴 '메이블'처럼, 더 아름다워져서 남자를 되찾고 싶은 수많은 젊은 여성들은 메이블의 이야기를 들으면서 아마 고개를 끄덕거렸을 겁니다. 그리고 루스벨트가 공황을 극복한 것처럼 새 총장이 대학의 위기를 극복하기를 기대하게 됩니다. 스토리를 만들든 아니면 소비자들이 익히 알던 스토리를 활용하든 간에 중요한 건 소비자가 스토리의 주인공과 감정이입하도록 해야 한다는 점입니다.

로버트 맥기는 "스토리의 주인공은 호감일 수도 있고 아닐 수도 있지만 반드시 감정이입의 대상이 되어야 한다"고 했습니다.[63] 스토리를 장황하게 늘어놓지 않아도 "저 인물도 나와 같은 인간이구나" 또는 "저 인물이야말로 내가 닮고 싶은 인간이구나" 하는 생각이 들게 해야 하는 것입니다.

사실 '스토리텔링'이란 단어가 등장한 건 오래전 일입니다. 잘 만들어진 영상 광고를 보면 '스토리텔링'이 아닌 것이 거의 없습니다. 광고를 극화劇化하면 할수록 광고의 설득력이 높아지는 것으로 나타나 스토리텔링의 메시지 효과성을 보여주고 있습니다.[64]

요사이 소셜 미디어 환경이 폭발적으로 성장하면서, 바야흐로 '스토리텔링 마케팅의 시대'가 열렸다고 해도 과언이 아닙니다. 오죽하면 '스토리슈머'라는 신조어까지 생겨났을 정도입니다. '스토리슈머'는 이야기Story와 소비자Consumer의 합성어로 '이야기를 찾는 소비자'라는 뜻인데요. 경기 불황과 치열한 경쟁 속에서 불안해하는 소비자들이 동감할 수 있고, 또 동감할 수 있는 이야기를 통해 위로받고 싶어 한다는 건, 어쩌면 너무 당연한 이야기인지도 모르겠습니다. 끌리는 컨셉의 11번째 법칙, '고객이 동감할 스토리를 개발하거나 발굴하라'를 기억하시면서, 여러분의 고객은 어떤 이야기에 동감할지 고민해보시기 바랍니다.

톨스킨의 부활, 스토리의 힘

스토리가 어떻게 사람의 마음을 빨아들일까요?. 바로 사실감과 주인공의 감정이입을 통해서입니다. 허구도 이야기 형식으로 읽으면 사실보다 더 진실이라고 믿는다는 연구 결과가 있습니다.[65] 그래서 사실보다도 더 사실적인 것이 이야기라는 유대인의 속담이 있는 것이죠. 어째서 그럴까요? "보는 것이 믿는 것이다Seeing is believing"라는 말이 있지만 이야기와 관련해서는 "상상하는 것이 믿는 것이다Imagining is believing"라는 말을 하고 싶습니다.

말한 것을 감각으로 잘 느끼면 신뢰가 가듯이 상상이 잘 되면 감각이 촉발되어 사실적으로 느껴지게 됩니다. 그런데 여기서 말하는 감각은 상상에 의해 내적으로 촉발된 감각입니다. 최근 뇌과학을 통해 인간은 상상할 때도 감각기관을 동원한다는 것이 밝혀졌습니다. 그래서 우리가 이전에 갔던 바닷가를 상상으로 떠올릴

때에도 그 바다가 보이듯이 시각중추가 활성화되는 것입니다.

이야기는 캐릭터(등장인물), 배경, 사건이라는 3요소가 존재합니다. 법칙 11에서는 이야기의 캐릭터(주인공)에 초점을 맞추어 브랜드 스토리를 설명했지만 배경과 사건의 전개도 중요합니다. 배경은 이야기가 일어나는 공간을 설정하고 사건의 연속적 전개는 시간의식을 조성합니다. 컨셉카페 3에서 언급했지만 칸트에 의하면 인간이 감각을 받아들이는 그릇(형식)이 시간과 공간이라고 하였습니다. 스토리의 구성요소 중에서 배경과 사건이 잘 설정되면 시간과 공간이 잘 정립되어 청중들은 상상 속의 감각을 쉽게 촉발하게 됩니다. 그래서 이야기 형식으로 표현된 브랜드 스토리는 감각을 불러일으키는 것입니다. 도무지 상상되지 않는다는 것은 감각적 촉발이 되지 않는다는 이야기가 됩니다.

사실감을 높이기 위해서는 스토리를 생생하게 표현해야 합니다. 생생하게 표현하라는 말도 감각을 촉발하라는 것이죠. 색깔, 형태, 움직임의 묘사나 소리, 냄새, 향과 같은 색촉성향미의 묘사는 감각을 촉발하는 표현입니다. 물리적 제품과의 접촉을 통해 촉발된 감각과 스토리를 통해 촉발된 감각은 정도의 차이만 있을 뿐 같은 종류입니다.

법칙 10에서 설명한 것처럼 감각 경험 중에서 색촉은 구매단계에 주로 작용하듯이 브랜드 스토리에 의한 사실감도 구매단계에서 브랜드에 대한 기대를 높여 구매를 촉진하는 역할을 하게 됩니다. 그리고 등장인물과의 감정이입을 통한 감각의 촉발은 사용단계에서 실제의 감각 경험(사용 경험)을 끌어올리게 됩니다.

스토리의 또 다른 힘이 등장인물과의 감정이입이라고 할 수 있습니다. 공자나 애덤 스미스는 인간이 선천적으로 동감 능력을 타고났다고 말했습니다. 그래서 어머니는 자식이 밥 먹는 것을 지켜만 보아도 배가 부릅니다. 현실에서의 동감도 있지만 상상에서의 동감도 존재합니다. 이야기 속 캐릭터와의 감정이입이 바로 상상 속의 동감입니다. 자신과 가깝고 비슷한 사람끼리 동감이 잘 되듯이 상상 속의 동감도 자신과 가깝고 유사한 주인공과 쉽게 동감하게 됩니다. 그래서 브랜드 스토리에는 표적 고객과 친근하고 비슷한 주인공을 설정해야 합니다. 이런 상상 속의 동감, 즉 감정이입을 유도함으로써 스토리가 그렇게 인간을 빨아들이는 것이죠.

이야기의 힘을 설명하는 이론으로 '옮겨진 심상 모형transportation-imagery model'이 있습니다. 이야기를 듣는 청중은 등장인물과 동감하여 현실을 떠나 작가가 안내하는 곳으로 시공간적 배경이 옮겨진다고 합니다.[66] 그리고 동감의 정도는 배경과 사건이 잘 설정될수록 높아지게 됩니다. 철학자 칸트가 다시 태어나서 스토리텔링이 왜 효과적이냐는 질문을 받았다면 이렇게 답했을 겁니다. 소비자 인식이 감각과 개념이 결합해서 형성되듯이 스토리텔링에 대한 소비자의 인식도 그러하기 때문이라고 말이죠. "감각 없는 개념은 공허하고 개념 없는 감각은 맹목적이다"고 한 칸트의 말을 스토리에 적용하면 "배경과 사건이 없는 주인공은 공허하고 주인공 없는 배경과 사건은 맹목적이다"고 고쳐 말할 수 있습니다.

	접촉을 통한 현실의 감각	이야기를 통한 상상의 감각
구매	색촉色觸	사실감
사용	색촉성향미色觸聲香味	등장인물과 감정이입(동감)

스토리를 통한 감각의 촉발은 사실감을 중심으로 하는 스토리와 주인공과의 감정이입을 통해 고객의 동감을 유발하는 스토리로 나눠볼 수 있습니다. 브랜드가 어떤 과정을 거쳐 탄생되었는가에 초점을 맞추면 '브랜드 탄생 배경 스토리'라 하고, 이야기의 캐릭터와 감정이입을 통해 소비자의 사용 경험을 고조시키면 '고객 동감 스토리'라 할 수 있습니다.[67] 물론 단생 배경과 고객 동감을 확실히 구분할 수 없는 경우도 많습니다. 그리고 법칙 11에서 스토리를 새로 개발하는 창작과 '잘 알려진 이야기'를 발굴해서 활용하는 경우가 있다고 했습니다. 이를 고객 동감 스토리, 탄생 스토리와 결합시키면 브랜드 스토리는 다음 표와 같이 네 가지로 분류할 수 있습니다.

	스토리 개발(창작)	스토리 발굴
탄생 배경 스토리	계절밥상 스토리	몰스킨 수첩의 재탄생
고객 동감 스토리	메이블린 스토리	대교 눈높이 선생님 스토리

탄생 배경 스토리는 이야기의 두 힘 중에 사실감에 치중하고 있습니다. 사실감에 치중한다는 것은 컨셉이 주장하는 바를 구매단계에서 정말로 믿게 만드는 것이죠. 고객 동감 스토리는 주인공과의 동감을 통해 사용 경험을 강화시킨다고 볼 수 있습니다. 여기서 사실감이란 창작인지 실화인지 여부와 관계없습니다. 실화를 사용해도 사실감이 떨어질 수 있고 창작으로 꾸민 이야기도 정말인 것처럼 느낄 수 있습니다. 그래서 사실감과 창작 여부는 별개의 이야기입니다. 그래서 '사실'이 아니고 '사실감'이라 하였습니다.

법칙 11에서 소개한 메이블린 스토리는 발굴된 스토리라기보다 창작된 고객 동감 스토리라 할 수 있습니다. 메이블의 후손이 쓴 메이블 일가 전기에서는 앞에서 소개한 버전과 다른 이야기가 실려 있습니다. 어느 날 메이블이 부엌 난로에 그을려 망가진 눈썹을 당시 유행하던 석탄가루와 젤리를 섞어 화장에 사용하는 것을 지켜보던 동생이 사업화를 결심했다고 합니다.[68] 이 이야기가 사실이라면 앞에서 소개한 브랜드 스토리는 마케팅을 위해 창작한 브랜드 스토리가 됩니다.

발굴한 탄생 스토리로 컨셉에 성공한 예로는 몰스킨 수첩을 들 수 있습니다. 1800년대 파리의 문구공방에서 만들던 검고 단순한 수첩은 고흐, 헤밍웨이, 피카소 같은 예술가들의 사랑을 받다 사라졌습니다. 그러다 최근 이탈리아의 사업가가 몰스킨의 역사와 이야기를 활용하여 전 세계 수첩시장에서 강력한 브랜드로 부활시

몰스킨 다이어리

컸습니다.

국내 사례로는 현대중공업이 기업 광고로 사용한, 고 정주영 회장이 5만분의 1의 조선소 지도만 갖고 선박을 수주한 이야기를 들 수 있습니다. 고객 동감 스토리로 유명한 것이 학습지 회사 대교의 눈높이 선생님 스토리입니다. 대교는 박물관에서 견학온 학생들을 위해 그림 앞에서 키를 낮춘 눈높이의 자세로 그림을 올려보았다는 초등학교 선생님의 이야기를 자사의 브랜드 스토리로 내세워 학습지에서 선두주자가 되었습니다. 법칙 11에서 소개했던 루스벨트 대통령의 이야기 역시 기존 이야기를 발굴한 고객 동감 스토리라 할 수 있습니다.

외국 사례로는 몽블랑 만년필을 들 수 있습니다. 몽블랑 만년필은 1906년 독일에서 시작되었는데 6각형 심벌 마크와 몽블랑의 높이를 상징하는 4810을 만년필 로고로 사용하고 있습니다. 이 회사는 존 레넌, 간디, 잉그리드 버그만 등과 같이 세계적인 명사들의 이름을 딴 한정판 만년필을 출시하여 고가임에도 인기를 얻고 있습니다.

법칙 12

감각의 비빔밥을
만들어라

공감각〔synesthesia, 共感覺〕:
감관영역(感官領域)의 자극으로
하나의 감각이 다른 영역의 감각을 불러일으키는 현상.

- 두산백과사전

국내 장수 상표 중 하나인 보령제약 용각산은 광고가 크게 히트하며 많은 분들에게 이름이 알려졌습니다. 1967년 출시 당시만 해도 보령제약은 신생 무명 제약사였습니다. 그러다 일본에서 들여온 용각산을 국내 시장에 선보인 후, 매출액이 연간 수백만 원에서 수천만 원 단위로 급증했습니다. 1973년부터 TV 전파를 타기 시작해 20년 이상 계속된 광고 카피가 기업과 브랜드의 성장에 얼마나 큰 기여를 했는지, 여러분께서도 아마 짐작이 가실 겁니다.[69]

나노분말제형을 소리로 보여주다

보령제약 용각산 광고는 용기를 흔들면서 이 소리가 아니라고 말

합니다. 그 뒤 하얀 가루를 직접 보여주며 '아무것도 들리지 않는다'는 점을 강조합니다. "이 소리가 아닙니다. 이 소리도 아닙니다." 제약업계뿐 아니라 광고사에도 한 획을 그은 이 광고 카피는 보령제약 김승호 회장이 직접 생각해낸 문구라고 합니다. '이 소리도 아니고, 저 소리도 아니고, 사실은 소리가 들리지 않는데, 왜냐하면 '분말가루'이기 때문에 그렇다'라는 이야기를 하고 있는 겁니다.

여러분, 눈치 채셨습니까? '제품을 흔들 때 들리는 소리'라는 청각적 요소와 '나노 분말 제형'이라는 시각적 요소가 교묘하게 버무려져 있다는 사실을요. 30초 안팎의 짧은 광고 안에서 시각적 요소와 청각적 요소를 말끔하게 버무려낸 덕분에 '물 없이 복용할 수 있는 미세한 분말의 순수 생약'이라는 제품컨셉이 극대화되었습니다.

사실 미세한 나노 분말 제형을 만드는 기술은 용각산의 원조인 일본 기업 류카쿠산과 보령제약이 유일하게 보유하고 있는 특별한 기술이라고 합니다. 그래서 이 특별한 기술을 더더욱 강조할 필요가 있었던 보령제약은, 광고에서처럼 '시각'과 '청각'이라는 두 가지 요소를 효과적으로 결합하는 방법을 선택했습니다.

여러 가지 감각을 멋지게 버무리려면?

끌리는 컨셉의 세 번째 법칙, 기억하십니까? 컨셉을 오감으로 확인하게 하라는 것이었는데요. 새로운 컨셉의 법칙은 여기서 한 발 더 나아가, 여러 가지 감각요소들을 멋지게 버무리라는 겁니다. 시각과 청각 재료를 조화시킨 용각산이 소비자들의 머릿속에 강렬한 잔상을 남긴 것처럼, 여러 다른 감각들이 동시에 결합하면 서로 간에 어떤 '화학작용'을 일으키게 됩니다. 이때 결합하는 감각의 재료가 많으면 많을수록 더 많은 정서반응과 인지반응을 유발합니다. 한마디로 컨셉에 대한 소비자의 이해를 돕고, 호감도를 높여 줄 수 있다는 겁니다.

그런데 한 가지, 감각의 비빔밥을 만들 재료는 몇 가지나 될까요? 10번째 법칙에서처럼 색촉성향미色觸聲香味의 다섯 가지 재료가 전부일까요? 아닙니다. 컨셉을 만들 때는 오감을 자극하는 다섯 가지 재료에 만족해선 안 됩니다. 훌륭한 컨셉 크리에이터라면 법칙 11에서 소개한 '스토리'까지 덧붙여 여섯 가지 재료로 컨셉을 완성할 수 있습니다. 스토리라는 것이 본디 '상상 속의 감각'을 불러일으키는 요소이기 때문인데요. LG생활건강이 2003년 출시한 한방 브랜드 '후'가 대표적입니다.

왕비가 사용하던 궁중화장품, 후

LG생활건강은 분기당 20만 원 이상 화장품을 구입하는 '35세에서 45세 사이 최상위 소비자'를 타깃으로 신제품 개발에 착수합니다. 고객 인터뷰를 진행했는데 이들이 원하는 이미지가 '우아하고 사치스러운 특권의식'이라는 걸 파악합니다. 컨셉 개발팀은 이런 이미지를 상징화해 '궁중 왕비'를 컨셉의 뼈대로 정리했고, 최종적으로 '왕비가 사용하던 궁중화장품'이라는 브랜드컨셉을 잡았습니다. 기존의 '한방화장품'이란 단어와 차별화되면서도, 한방화장품보다는 좀 더 고급스럽다는 걸 어필하려는 의도였습니다.

이렇게 컨셉이 정해졌고, 어떻게 컨셉을 강화할 것인지 고민하던 개발팀은 중국의 한 문헌에서 '공진단 처방'을 찾아냅니다. 중국 원나라 때의 명의名醫인 위역림의 '공진단 처방'은 황제와 황후에게 진상되던 처방이었습니다. 이것이 앞에서 설명한 탄생 배경 스토리입니다. 그런데 개발팀은 이 밋밋한 탄생 배경 스토리에 살을 붙여 이를 고객 동감 스토리로 만들었습니다. 이야기의 주인공을 '황후'로 바꾸고, '후궁'은 주인공의 라이벌, 그리고 잃어버린 황제의 사랑을 '극복해야 할 장애물'로 설정해, 목표 고객이 좀 더 쉽게 주인공 캐릭터에 동감하도록 만들었습니다. 좌우간 이렇게 화장품 처방전을 찾으면서 이를 '상상 속의 감각'을 자극하는 브랜드 스토리로 만든 것입니다.

궁중한방화장품. 후 |

  다음으로 바통을 이어받은 건 디자인팀입니다. 구체화된 컨셉에 '감각의 옷'을 입히는 작업이 이어졌습니다. 디자인팀은 황후皇后의 '후后'자를 형상화해 브랜드 로고를 만들었고, 화장품 용기 역시 중국 황실을 상징하는 황금색 연꽃 문양 마개와 황실 도자기 형태를 그대로 본떠 디자인했습니다. 여기에 '황금색'까지 입혔습니다. 황금색은 역시나 중국 황실을 상징하는 색입니다. 앞에서 감각 재료는 많으면 많을수록 효과가 더 커진다고 말씀드린 것, 기억하시지요?

  '후'는 시각뿐 아니라 후각과 촉각 재료도 이용합니다. 한방의 오온칠향탕五蘊七香湯이라는 탕약의 향을 제품에 사용하고, 촉촉한 촉감을 위해 한방과 천연국화를 달여 만든 진액 성분도 추가했습니다. 그리고 여기에 청각 재료도 더해집니다. '후后'라는 브랜드 로고를 디자인하면서, 디자인 안에 궁궐에서 사용하던 전통악기 해금의 이미지를 녹여낸 겁니다.

여러 가지 감각 재료들을 성공적으로 잘 버무려낸 덕분일까요? 출시 첫해였던 2003년 150억 원, 2004년 350억 원의 매출을 기록한 '후'는 이후로도 꾸준한 성장세를 보이며 2012년에는 3,300억 원의 매출을 기록합니다.[70]

오감을 자극하는 '포르노 식품점', 홀푸드

감각의 비빔밥을 만드는 것은 소비자와 직접 만나는 매장을 운영하는 소매업이나 서비스업의 컨셉에서 특히 중요합니다. 미국 텍사스주 오스틴에 소재한 홀푸드는 세계에서 가장 큰 천연 유기농 식품 유통업체입니다. 이 회사는 '지속 가능한 농업과 친환경 건강 식품'이란 컨셉 아래 오감을 자극하는 매장으로 고객에게 즐거움을 제공합니다.

매장 입구에서는 베이커리에서 갓 구운 빵 냄새가 나고 홀푸드 고유 브랜드인 알레그로 커피와 땅콩, 칠리 페퍼가 개방된 장소에서 볶아지며 매장을 꾸미는 생화에서는 자연의 향기가 납니다(후각).

홀푸드 |

과일이나 치즈 같은 식품은 플라스틱 커버로 씌워져 있지 않아
향기가 납니다. 과일이나 채소는 짚으로 엮은 바구니나 예쁜 접시
에 담아놓아 만지고 싶은 충동을 일으키고 실제로 만져볼 수도 있
습니다(촉각). 매장 안의 색상과 조명은 식품의 신선함을 뒷받침해
주고 벽면에는 호밀이나 밀 같은 사진을 걸어 자연친화적 느낌을
주고 있습니다(시각). 음악은 3,000곡을 선별했는데 노라 존스처럼
감미로운 아티스트들이 주종을 이루어 매장의 분위기는 항상 여
유로움이 감돕니다(청각).

매장의 직원은 앞치마를 두르고 있어 손님을 맞이해 즉석에서 요리를 해주기도 합니다(미각).[71] 2005년 〈포브스〉는 홀푸드의 이런 감각적 매장 연출을 '포르노 식품점Food Porn'이란 제목으로 소개하면서 홀푸드의 매장을 '극장'에 비유하였습니다.[72] 그런데 아쉬운 것은 홀푸드의 탄생이나 고객 동감 스토리가 빠져 있다는 점입니다. 그래도 어떠신가요? 이런 매장이라면 한번 가보고 싶지 않나요?

나가면서

감각의 비빔밥을 만들어라. 끌리는 컨셉의 법칙, 그 12번째는 여러 가지 감가의 재료들을 적절하게 버무려 고객의 정서를 자극해야 한다는 것입니다. 여러분도 한번 여러 가지 감각 재료들을 버무려 맛있는 비빔밥을 만들어보시기 바랍니다. 그런데 감각의 비빔밥을 만들 때는 두 가지 또는 네 가지 재료에만 만족해선 안 됩니다.

미국 디즈니월드에서 감상한 영화는 기억에 오래 남는다고 합니다. 시각과 청각뿐 아니라 후각과 촉각까지 동원해 4차원으로 이야기를 전개하기 때문인데요. 이를테면, 특정 시점에 향기를 배출하거나 관객석을 움직이고 등이나 다리에 자극을 주는 겁니다. 얼굴에 물을 분사하는 장치도 숨겨져 있죠. 시각과 청각이 결합된, 2차원 영화에 익숙해 있던 관객들에게 전혀 새로운 경험을 제공해주는 겁니다.

요즘엔 우리나라에도 4차원 영화를 상영하는 극장이 많아 굳이 디즈니월드까지 갈 필요가 없지요. '4차원 영화라니, 세상 참 좋아졌구나!' 이런 생각이 드십니까? 그러나 여기에 만족하지 않고 5차원 아니 6차원 영화를 연출하는 마케터가 될 수 있다면, 여러분이 비벼낸 비빔밥의 인기는 아마 하늘을 찌르게 될 겁니다.

끝으로 비빔밥 만드실 때 주의할 점이 있습니다. 비빔밥이 자칫 마구잡이로 뒤섞이기만 한 잡탕밥, 꿀꿀이죽이 되지 않게 하려면 하나의 컨셉이 각각의 감각 재료들을 모두 꿰고 있어야 한다는 것, 즉 일관성이 있어야 합니다. 여전히 꿰는 것은 컨셉이고 꿰이는 것은 감각들입니다.

체험매장이 인기 있는 이유, 감각 변양變樣

법칙 12에서는 오감을 비벼서 비빔밥을 만들라 했습니다. 여러 감각 재료들을 사용하면 다중부호 효과multi-coding effect를 얻을 수 있습니다. 이를테면 상대방에게 보내는 신호를 청각과 시각으로 2중의 부호를 사용하여 보내면 상내방이 시각을 놓쳐도 청각을 통해 전해지므로 전달 확률도 높을뿐더러 청각과 시각이 상승 작용을 일으켜 더욱 쉽게 이해됩니다. 이것이 바로 용각산 광고가 히트를 친 이유이기도 합니다. 또한 그 신호가 상대방의 감정을 불러일으킬 목적이었다면 정서적 반응도 강렬해지지요.

그런데 서비스 업체는 오감의 재료를 다 사용할 수 있지만 제조업체인 경우엔 어려움이 많습니다. 서비스는 구매와 사용이 같은 공간과 시간에 이루어지지만 제품인 경우에는 구매와 사용이 공간적으로, 시간적으로 분리되어 있기 때문이죠. 컨셉카페 10에서 언급한 것처럼 색촉은 공간적 감각 재료이지만 성향미는 공간에서 지속하지 않는 감각 재료이기에 색촉과 성향미를 함께 사용하기 어려운 경우가 많습니다. 함께 사용하려다 비효율이 발생하지요.

영국에서 아우디는 새 차 A6를 론칭하며 향을 강조하는 마케팅을 위해 잡지에 특별한 삽입광고를 했습니다. 잡지에 출시한 차 모양으로 자른 가죽 조각을 붙였고 소비자에게 새 차의 가죽 냄새를 경험하도록 권유하는 것이었습니다.[73] 하지만 이런 방법은 비용이 너무 많이 들어 효율적이지 못하죠. 이보다 효율적인 방법은 소매업자와 협력하여 구매 시점에서 제품에 없는 다른 감각과 결합하는 것입니다.

일례로 기아자동차는 오감마케팅의 일환으로 우아한 가죽 느낌을 담은 '기아 향'을 개발했습니다. 기아차 전시장이나 서비스센터에서 사용하고 있습니다.[74] 다른 예로 컨셉카페 10에서 언급한 것처럼 LG전자에서 개발한 초콜릿 폰을 미국에서 판매할 때 매장에 초콜릿 향을 분사한 사례를 들 수 있습니다.[75]

포장 소비재의 경우에는 포장을 뜯어야만 제품을 만지거나 향을 맡아볼 수 있습니다. 그런데 견본품의 포장을 개봉하여 촉觸이나 향香을 느끼게 해줄 수 있습니다. 일례로 아모레퍼시픽은 제주에서 재배한 다양한 차를 오설록이란 브랜드로 판매하고 있습니다. 선반에는 차를 전시하면서 티백을 담아둔 케이스도 같이 전시합니다. 고객들이 필요하면 케이스를 열고 차의 향을 맡을 수 있도

록 한 것입니다. 사용 시점에
서 음미할 수 있는 향을 구매
시점에도 음미할 수 있도록
했습니다. 화장품의 경우에도
매장(구매시점)에서 견본품의
향을 음미하거나 피부에 발

라보게觸 해서 사용 경험을 제공할 수 있기에 매장
과 잘 협력만 한다면 오감의 재료를 모두 활용할 수 있지요.

더 효율적인 방법은 감각의 변양(變樣, 모양을 바꿈)을 활용하는
것입니다. 감각의 변양이란 하나의 감각 양상을 다른 감각 양상으
로 바꾸어 표현하는 것입니다. 앞서 화장품 '후'에서는 청각요소를
해금이라는 악기를 형상화하여 시각적으로 바꾸어 표현했습니다.
그리고 용각산의 경우에는 고운 입자라는 것을 시각으로 보여주
기도 했지만 용기를 흔들었을 때 소리가 없는 것을 들려주어 청각
으로도 표현했습니다. 맛과 향을 표현할 때도 포장이나 광고에 맛
을 보거나 냄새를 맡고 그것을 음미하는 얼굴 표정으로 바꾸어 표
현할 수 있습니다.

감각을 비벼내는 것은 언어 표현에도 그대로 적용됩니다. 사물
을 두 개 이상의 감각 양상이 결합된 언어로 표현하면 더욱 생동
감 있게 느껴집니다. '붉은 함성' 또는 '금빛 게으른 울음'은 시각
과 청각이 결합된 표현입니다. 특히 소비재의 경우 브랜드명과 같

은 상표 개발에서는 여러 감각 양상을 동시에 자극하는 표현이 효과적입니다. 하우젠의 김치냉장고 브랜드명 '아삭'은 싱싱한 과일이나 채소를 깨물 때 나는 소리로 싱싱한 맛을 암시하고 있습니다. 이는 청각으로 미각을 표현하였으니 감각을 비벼낸 표현이라 할 수 있습니다.

이 책의 3분의 2 정도를 마쳤습니다. 앞으로 어떤 내용이 기다리고 있는지 개괄하고 다시 시작하겠습니다. '컨셉큐빅의 탄생'에서 컨셉을 제품컨셉, 상표 컨셉, 브랜드컨셉으로 구분하였습니다. 이것은 컨셉을 특정 시점에서 공간적으로 구분한 것에 해당합니다.

컨셉은 제품 개발이 시작되어 시장에 출시되면서 시간적으로도 변화합니다. 우선 제품 개발 단계에서 컨셉은 제품컨셉(또는 서비스 컨셉)으로 불리게 됩니다. 제품컨셉은 물리적 제품을 어떻게 형상화할 것인지를 나타내고 있습니다. 이를 위해서는 주로 R&D와 협조해야 하기 때문에 과학적이고 기술자들이 사용하는 용어로 물리적 제품을 묘사하게 됩니다. 제품컨셉에서는 제품 개발의 방향을 제시하여 제품 개발에 관여하는 내부 구성원 간에 합의를 이루기 위한 것이 주목적이죠. 제품컨셉에 꿰어지는 것도 주로 제품

요소이고 이것이 법칙 8에서 언급한 PASS가 됩니다.

출시가 임박하면 제품컨셉은 포지셔닝 서술로 발전합니다. 포지셔닝 서술은 제품을 포함하여 가격, 광고나 유통과 같은 다른 마케팅 활동을 통합하고 특히 시장의 경쟁자를 고려하여 바뀌게 됩니다. 물론 이것의 토대에는 제품컨셉이 자리 잡고 있습니다. 포지셔닝 서술은 마케팅 전략의 통합이 목적이기 때문에 굳이 컨셉이란 용어를 쓰자면 마케팅 컨셉이라고 할 수 있죠. 포지셔닝 서술(이것도 컨셉임)에 페어지는 것도 마케팅 요소이고 이것이 물리적 제품, 가격, 판매 촉진 유통의 4P입니다.

마지막 단계로 마케터는 컨셉을 소비자에게 전달해야 합니다. 이때는 소비자가 구매하도록 그 이유를 제시하여 설득해야 합니다. 이를 커뮤니케이션 컨셉 또는 표현컨셉이라고도 하는데 이 책에서는 표현컨셉으로 지칭하겠습니다. 제품컨셉은 출시 직전에 포지셔닝 서술로 바뀌고 이에 근거하여 표현컨셉을 만들게 됩니다. 포지셔닝 서술은 제품컨셉을 표현컨셉으로 전환시키기 위한 연결고리 역할을 하게 됩니다. 이 단계에서는 제품컨셉에서 사용되었던 기술적 용어를 소비자가 이해할 수 있는 소비자 언어로 바꾸고, 필요하면 브랜드를 감성적으로 표현하거나 상징화하게 됩니다. 그래서 가끔은 수사적 기교가 가미된 표현 방법을 사용하게 됩니다. 그리고 표현컨셉에 페어지는 것은 각종 표현 매체(커뮤니케이션 매체)입니다. 표현 매체에는 광고 카피, POP 광고, 홈페이지, 세일즈

카탈로그 등이 있습니다.[76]

요약하면 세 개의 컨셉은 개발, 정립, 전달의 3단계를 거치면서 변형된 형태로 나타나는데 이것이 제품컨셉, 포지셔닝 서술 그리고 표현컨셉입니다. 이제까지 소개한 법칙에서는 주로 제품컨셉을 다루고 부수적으로 상표 컨셉을 다루었다고 할 수 있습니다.

앞으로 나올 법칙에서는 출시 이후의 포지셔닝 서술과 표현 컨셉을 다루겠습니다. 법칙 13은 포지셔닝 서술 그리고 법칙 14~16은 표현컨셉과 관련됩니다. 포지셔닝 서술이 객관적 묘사에 치중한다면 표현컨셉은 주관적이고 함축적이고 비유적 언어를 사용하게 됩니다. 포지셔닝 서술이 브랜드의 구체화가 목적이라면 표현컨셉은 브랜드 상징화가 목적이 됩니다. 브랜드 상징화의 목적은 브랜드를 감성적으로 표현하여 소비자에게서 이성적 반응보다는 감성적 반응을 끄집어내어 호감을 갖도록 하는 데 있습니다. 그러나 상징화와 구체화는 서로 상생해야 합니다. 앞에서 언급하였듯이 구체화 없이 상징에만 매달리면 브랜드의 진정성이 훼손되어 소비자가 외면하게 됩니다.

법칙 13

친숙한 개념으로
컨셉을 KISS하라

은유는 천재의 징표다. 은유를 능숙하게 다룬다는 것은
서로 다른 사물의 비슷한 점을 빨리 간파할 수 있다는 것을
뜻하기 때문이다.

- 《시학》, 아리스토텔레스

혹시 '하이 컨셉'이란 말을 들어보셨나요? 할리우드에서는 새로운 영화를 설명할 때 '하이 컨셉'을 사용해서 설명한다고 합니다. 예를 들면 '에일리언'이란 새 영화를 소개할 때는 '우주선 버전의 죠스'라고 소개하는 거죠. '에일리언'이 '죠스'같이 사람을 해치는 괴물이 출현하는 공포영화이지만 해변이 아닌 우주선에서 벌어진다는 영화의 핵심 스토리를 간결하게 표현한 것입니다.

컨셉이 뇌리에 착 달라붙게 하려면

이렇게 기존에 잘 알려진 영화에 빗대어 계획하고 있는 새 작품을 표현하는 것을 '하이 컨셉'이라고 합니다. 이렇게 하면 이해도 쉬울 뿐 아니라 긴 말로 설명하지 않아도 되니 네 번째 법칙에서 말한 것처럼 '키워드로 꼭 찍어' 말하는 셈이죠. 듣는 사람의 머릿속에 착 달라붙게 되는 것입니다. 착 달라붙는다는 말은 칩 히스와 댄 히스가 쓴 《스틱!》이란 책을 염두에 둔 말입니다.[77] 이 책은 메시지를 함축해서 키워드로 꼭 찍으면 사람들의 뇌리에 착 달라붙는다는 것을 강조하고 있습니다. 그렇습니다. 이번에 소개해드릴 법칙은 이미 익숙히 알고 있는 개념 또는 구체적인 개념을 끌어와 새로운 개념을 정의하여 소비자 머릿속에 착 달라붙게 하는 방법입니다.

2,500년 전에 '하이 컨셉'과 같은 방법을 제안한 사람이 있습니다. 서양을 대표하는 철학자 아리스토텔레스입니다. 아리스토텔레스는 개념을 간략히 종차種差와 유개념類槪念을 결합하여 정의定義할 수 있다고 하였습니다. 유개념이란 상위 개념을 의미합니다. 그는 '인간은 이성적 동물'로 정의하였는데 여기서 동물은 인간의 유개념(상위 개념)이 되고 '이성'은 동물 중 인간만이 갖고 있는 성질, 즉 종차가 됩니다. 상위 개념인 유類가 기존에 알고 있는 개념이라면 하위 개념인 종種은 새로운 개념이 되는 것이죠. 우리는 상위 개념을 먼저 배우고 그리고 그것에 기초하여 하위 개념을 배우게 됩니다. 그래서 상위 개념이 보다 익숙한 개념인 것이죠.

종차와 유개념을 사용하는 방식은 브랜드컨셉 정의에도 그대로 응용될 수 있습니다. 컨셉에 이를 적용하면 유개념은 그 브랜드가 속한 제품 범주가 됩니다. 종차는 다른 브랜드들과 차별화된 속성 또는 차별화된 편익이 됩니다. 시장에 동일한 니즈를 만족시키는 브랜드들이 많아지면 이들을 묶는 범주들의 명칭이 만들어지는데 이를 제품 범주라고 합니다. 섬유유연제, 전자오븐, 소금 등이 제품 범주에 해당합니다. 소비자는 개별 브랜드보다는 그 브랜드가 속한 제품 범주를 더 먼저 배우게 되기 때문에 더 익숙한 개념입니다. 새로운 브랜드를 더 잘 알고 있는 제품 범주를 활용하면 간결하게 정의할 수 있는 것입니다. 그런데 가끔 제품 범주를 활용하지 않고 브랜드를 정의하려고 하다 문제가 발생합니다.

제품 범주가 빠져 실패한 신제품

정은아 아나운서가 나와 "섬유린스 색깔 한번 비교해볼까요? 보세요. 섬유린스가 맑아야 헹굼물이 맑아요" 하는 광고가 있었습니다. 바로 CJ제일제당에서 개발하여 1997년 8월 출시했던 신제품인 섬유유연제 '맑은물이야기'의 광고입니다.

CJ제일제당은 소비자 조사에서 기존의 섬유유연제를 사용하면 빨래 헹굼물이 탁해 찝찝해하는 소비자가 많다는 것을 알았습니다. 그래서 이를 해결해주는 컨셉으로 '맑은물이야기'를 출시합니다. 당시 선도 브랜드였던 피죤의 불투명한 색깔과 차별화한 컨셉인 것이죠. 내용물도 투명하지만 용기도 생수처럼 투명한 페트병으로 하였습니다. 그리고 내용물이 투명해서 세탁 중 빨래 상태를 눈으로 쉽게 확인할 수 있는 장점도 있었습니다. 큰 기대를 안고 제품을 출시하였지만 매출이 광고비에도 훨씬 미치지 못하는 수준이었습니다.

동원산업에 '시낵'이라는 간식제품이 있었습니다. 바다를 나타내는 시sea와 간식을 나타내는 스낵snack을 합쳐 만든 브랜드명이었습니다. 어묵을 동그랗게 만들고 가운데를 파서 치즈를 집어넣은 제품이었습니다. 일본에서 히트한 제품을 본떠 만들었는데 국내에선 잘 팔리지 않았습니다. 또 소금이 몸에 해롭다고 알려져 있어 산내들이라는 회사가 몸에 좋다는 컨셉으로 '생금'이란 포장 소금을 개발하였으나 실패한 사례가 있습니다.

앞에서 예를 든 '맑은물이야기', '시낵' 그리고 '생금'이 실패한 이유는 무엇일까요? 바로 브랜드컨셉 정의에서 제품 범주가 빠져 이 브랜드컨셉이 어디에 필요한지 소비자들이 이해하지 못했기 때문입니다.

솔라돔의 실패, 광파오븐의 성공

새로운 브랜드컨셉을 소개할 때는 기존에 익히 알려진 개념인 제

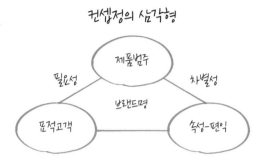

컨셉정의 삼각형

제품범주

필요성 차별성

브랜드명

표적고객 속성-편익

품 범주를 활용해야 합니다. 그리고 제품 범주는 이 브랜드가 무엇에 필요한지, 즉 컨셉의 필요성을 알려줍니다. 그리고 이런 제품 범주에서 다른 브랜드들과 어떻게 차별화되는지를 알려주어야 하는데 이것이 종차입니다. 마케팅에서는 다른 브랜드들과 차별화된 속성 또는 차별화된 편익이 되는 것이죠. 속성이란 제품이나 서비스의 물리적 특성을 말하며 편익은 이 속성으로부터 소비자가 얻는 혜택을 말합니다. 컨셉의 필요성은 제품 범주가 그리고 차별성은 차별화된 속성-편익으로 나타내게 됩니다.

LG전자에서 새로운 오븐을 개발했는데 할로겐램프에서 발생하는 빛을 이용해 일반 전기오븐보다 조리시간이 짧고 수분 증발도 적었습니다. 태양을 뜻하는 '솔라solar'와 둥근 지붕을 뜻하는 '돔dome'을 합성해서 'LG 솔라돔'이라고 했습니다. 그러나 소비자가 이 제품이 무엇에 필요한 것인지 이해할 수 없어 매출이 저조

종차와 유개념에 의한 브랜드 컨셉 서술 방법

아리스토텔레스 개념 정의	종차	유개념	인간은 이성적 동물이다
브랜드의 정의 방법	차별화 속성(또는 편익)	제품 범주	액체 세제, 양문형 냉장고
	새로운 표적 고객	제품 범주	여성용 탈모 방지 한방삼푸, 어른용 게임
	A 제품 범주와 같은 A 제품 범주와 다른	B 제품 범주 B 제품 범주	호텔 같은 은행, 편의점 같은 우체국, 러닝화와 다른 워킹화

했습니다. 그런데 LG가 가전사업에서 디오스라는 브랜드를 개발하면서 솔라돔을 '디오스 광파오븐'이라고 이름을 바꿔 내보냈더니 매출이 증가하였습니다. 광파光波린 바로 솔리돔을 이해하기 쉽게 설명한 차별화 속성이죠. 오븐은 바로 이 브랜드가 어디에 필요한지를 나타내는 제품 범주가 되는 것입니다.

브랜드를 시장에 출시할 때는 제품컨셉에 표적 고객과 제품 범주를 확정하여 포지셔닝을 해야 합니다. 출시 전에 정한 표적 고객과 제품 범주는 잠정적인 것이고, 출시 후 경쟁과 시장 환경에 따라 확정하면 이것이 포지셔닝이 됩니다. 앞의 삼각형은 브랜드의 포지셔닝을 정의할 때 필요한 요소를 나타낸 것입니다. 브랜드명, 제품 범주, 표적 고객, 속성-편익이 그것입니다.

다른 제품범주로 다른 컨셉을 말하다

차별화 속성을 종차로 사용하는 경우 차별화 속성은 제품 범주의 특성과는 대비되거나 반대되는 속성을 사용하여 동일 제품 범주의 기존 브랜드들에 속하는 것이 더욱 효과적입니다.

제주도에는 백(하얀) 짬뽕이 있습니다. 해물을 많이 넣고 국물을 얼큰하게 하지 않은 짬뽕입니다. 실제로는 중국집의 우동과 비슷한 맛이 나지만 우동이라 칭하지 않고 이를 백짬뽕이라 했습니다. 그래서 이 짬뽕을 맛본 사람은 맛이 담백하다고 합니다. 기존의 얼큰한 짬뽕과 대비되어 담백한 맛이 난다고 했겠지요. 후발 브랜드가 기존 제품 범주의 특성과 대비되는 속성이나 편익을 사용하여 컨셉을 정의하면 선도 브랜드보다 우월한 브랜드컨셉을 만들 수도 있고, 새로운 제품 범주를 만들어 기존의 시장에서 선두 브랜드를 추월할 수 있습니다.

조미료시장에서 제일제당(현 CJ제일제당) 다시다는 '천연조미료 다시다'란 제품 개념을 통해 기존 조미료시장을 천연조미료와 인공조미료 시장으로 양분했습니다. 그리고 새롭게 창출된 하위 범주인 '천연조미료'를 새로운 조미료시장을 창출하는 컨셉으로 이용했습니다. 천연이라는 차별화 속성은 기존 조미료와는 암묵적으로 반대되는 속성입니다. 그러자 소비자 마음속에서 기존 브랜드 미원은 천연이 아닌 인공조미료로 재정의되었던 것입니다. 이러한 컨셉으로 다시다는 선도 브랜드 미원을 추월할 수 있었습니다.

앞서는 차별화 속성-편익을 종차로 사용하는 방법을 중심으로 설명하였습니다. 종차는 차별화 속성이나 편익 말고도 다른 종차를 사용할 수 있습니다. 새로운 표적 고객을 종차로 사용하여 브랜드컨셉 또는 포지셔닝을 정의할 수도 있고 기존 제품 범주와 다른 제품 범주를 종차로도 사용할 수 있습니다.

고객을 바꾸어 다른 컨셉으로

기존 고객과 전혀 다른 새로운 표적 고객과 연결하여 정의한 사례로 아모레퍼시픽의 한방샴푸 '려'를 들 수 있습니다. 아모레는 한방샴푸를 개발하면서 기존 브랜드의 탈모 방지용 한방샴푸는 중년 남성을 겨냥하고 있었습니다. 그런데 이와 차별화하여 30~40대 여성을 표적 고객으로 삼아 '30~40대 여성의 탈모 방지용 한방샴푸'라는 브랜드컨셉으로 시장에서 성공하였습니다. 여성 고객은 아모레퍼시픽의 기존 유통 채널로 쉽게 접근할 수 있는 고객이기도 하죠.

지금은 스마트폰의 영향으로 많이 위축되었지만 닌텐도DS는 출시 당시에는 '어른들이 즐기는 게임'이란 컨셉으로 성공하였습니다. 경쟁사인 소니 PS3가 10~20대의 게임 이용자들을 표적 고

객으로 하는 반면에 닌텐도DS는 게임에 익숙지 않은 어른을 표적
고객으로 삼아 쉬운 게임으로 기능을 단순화하여 시장에서 대성
공할 수 있었습니다.

편의점 같은 우체국

아리스토텔레스는 이미 익히 알고 있는 개념 또는 구체적 개념을
끌어와 새로운 개념을 정의하는 방법으로 종차와 유개념 외에도
은유의 중요성을 이야기했습니다. 아리스토텔레스가 이야기한 은
유적 표현은 속성-편익을 종차로 사용하지 않고 다른 제품 범주를
종차로 사용함으로써 가능합니다.

법칙 8에서 소개한 움프쿠아 은행의 컨셉 정의는 '고객이 머물
고 싶은 은행'이었습니다. 이렇게 차별화된 편익과 제품 범주로 정
의할 수도 있지만 '호텔 같은 은행'으로도 정의할 수 있습니다. 이
는 호텔과 은행이라는 두 개의 제품 범주가 결합하여 정의되었지
만, 다른 제품 범주를 종차로 사용하는 경우 소비자가 기존 제품
범주를 다른 관점으로 보게 함으로써 차별화된 브랜드를 정의한
것입니다. 이것도 하이 컨셉처럼 더 구체적 개념인 호텔로 은행을
정의한 것이기 때문에 '고객이 머물고 싶은 은행'으로 정의하는
것보다 이해하기 쉽습니다.

뉴질랜드 우체국은 1987년 4월 정부 조직에서 공사로 독립하였습니다. 독립 당시에는 4,000만 달러의 적자 기업으로 서비스 수준도 낮았고 직원들의 사기나 생산성도 낮았죠. 공사로 전환하면서 흑자 기업으로 탈바꿈하기 위해 직영우체국 중심 체제에서 약국이나 편의점 등에 우편 서비스를 대행하는 간접 유통체제로 전환하기로 전략을 바꾸었습니다. 이 같은 전략을 위해 직영우체국의 매장 컨셉도 '편의점 같은 우체국'으로 바꾸었습니다. 그리고 요금체계 단일화와 서비스를 표준화하였습니다.

우편요금은 단일 요금제를 채택하여 뉴질랜드 내에서는 하나의 우표요금으로 배달해주게 하였습니다. 1킬로그램까지는 중량에 관계없이 중형, 대형, 초대형 3단계로 단순화하였습니다. 소포 서비스도 구매 과정을 단순화하여 일일이 중량을 재는 대신에 규격별로 중량제 소포봉투를 판매하여 그 봉투에 소포를 담으면 중량에 관계없이 뉴질랜드 내에서는 어디든지 배달해주도록 하였습니다.

기존의 복잡했던 요금체계나 중량을 재는 방식 하에서는 우체국이 대체로 직영 체제였으나 서비스 표준화와 단순화를 통해 간접 유통체제로 서서히 바뀌게 됩니다. 그 결과 8:2였던 직접 유통과 간접 유통의 비율이 2:8로 역전되었습니다. 직영우체국은 편의점처럼 운영되어 인건비가 줄면서도 고객이 즐겨 찾는 공간으로 바뀌었습니다. 이렇게 하여 뉴질랜드 우정공사는 흑자 기업으로의 탈바꿈에 성공하고, 1994년 뉴질랜드 경제지 〈매니지먼트〉가 선정한 200개 기업 중 종합성적 1위를 차지하게 됩니다.

두 개의 제품 범주를 결합해 또 다른 방법으로 'A 제품 범주와 다른 B 제품 범주'로 정의할 수 있습니다. 이 경우에 A는 기존 제품 범주이고 B는 새로운 제품 범주입니다. 기존 제품 범주가 종차가 되는 셈이죠. '왜 컨셉인가'에서 소개한 프로스펙스 W에 해당하는 '러닝화와 다른 워킹화'가 되는 것입니다. 컨셉을 표현할 때, 러닝화는 생략하고 워킹화만 서술하는 게 보통입니다.

이런 식의 컨셉 정의는 새로운 제품 범주를 창출하는 경우나 기존 범주를 새로운 범주로 대체하는 경우에 사용할 수 있습니다. 이 경우에 B 범주는 기존의 제품 범주를 대체하고자 하는 우월한 제품 범주명을 만들어 이를 자신의 브랜드컨셉과 연결시키면 경쟁자보다 우월한 위치에 설 수 있게 됩니다.

나가면서

미국의 광고업계에 KISS란 말이 있습니다. 이는 "Keep It Simple, Stupid!(간결하게 하란 말이야, 멍청아!)"를 줄인 말로 이것저것 강조하다 간결하지 못한 메시지를 만드는 경향에 대한 경고입니다. 그러나 컨셉을 간결하게 표현하려다 핵심을 빠뜨리는 것도 주의해야 합니다.

257

법칙 2를 설명하면서 '컨셉력은 필요성과 차별성의 곱'으로 결정되는 것이라고 했지요. 차별화 속성과 제품 범주를 결합하여 컨셉을 정의하면 제품 범주는 컨셉의 필요성을 나타내고 차별화 속성은 컨셉의 차별성을 나타내어 핵심이 드러나게 됩니다. 특히 신제품의 경우 제품 범주를 명시하지 않으면 소비자가 컨셉의 필요성을 추론하기 어려워 신제품이 실패하는 이유가 되기도 합니다. 제품 범주가 빠져 있는 신규 브랜드컨셉은 앙꼬 없는 찐빵, 소 없는 만두와 다를 바 없습니다.

제품 범주도 브랜드컨셉의 일부로 간결하게 표현하는 데 적극 활용해야 합니다. 차별화된 속성이나 편익을 종차로 또는 기존의 제품 범주를 다른 틀로 보도록 다른 제품 범주를 끌어와 종차로 사용하는 은유적(비유적) 방법도 활용할 수 있습니다. 특히 새로운 브랜드컨셉이 기존의 제품 범수를 대체할 야심찬 목표를 갖고 있는 경우에는 기존 제품 범주명과는 '다른' 새로운 제품 범주명을 만들어 이를 확산시켜야 합니다.

CONCEPT CAFE 13

아리스토텔레스의 생각을
마케팅에 활용하는 법

아리스토텔레스는 명료하게 생각하고 정확하게 표현하는 방법을 제시한 논리학을 창시하여 서양인의 사고에 큰 영향을 끼친 철학자입니다. 종차와 유개념 외에 아리스토텔레스의 철학을 어떻게 컨셉 정의에 활용할 수 있는지를 살펴보고자 합니다.

아리스토텔레스가 쓴 《형이상학》은 "모든 인간은 본래 앎을 추구한다"라는 말로 시작합니다. 사물을 안다는 것은 바로 사물을 존재하게 하는 원인(이유)들을 아는 것입니다. 그는 바로 이 원인을 네 가지로 구분했습니다. 그 네 가지는 사물의 질료인質料因, 형상인形相因, 운동 또는 작용인作用因, 목적인目的因입니다. 이를 마케팅 상황에 적용시키면 소비자가 브랜드를 안다는 것은 제품이나 브랜드가 존재하는 이유를 아는 것이죠. 이는 사야 할 이유이기도 합니다. 여기서 질료인을 제품의 재료나 원료, 형상인을 제품의 형태, 작용인을 제품이 작용하여 일으킨 변화, 그리고 목적인을 제품의 궁극적 혜택으로 보면 마케팅 상황에서 컨셉 정의에 네 가지 원인을 활용할 수 있습니다.

여기서 부연설명하면, 작용인은 제품이 고객에게 작용하여 하나의 상태에서 다른 상태(바라는 상태)로 변화시키는 것으로 해석할 수 있습니다. 법칙 6에서 팻다운은 소비자에게 작용하여 몸무게의 '변화'를, 클라이덴 미백치약은 색깔의 '변화'를 내세운 컨셉으로 볼 수 있습니다.

이렇게 네 가지 원인을 컨셉 정의에 활용한다면 법칙 13에서 설명한 속성-편익 정의에 대한 추가 설명으로 이해할 수 있습니다. 여기서 원료와 형태는 속성으로 묶을 수 있고 변화나 혜택은 편익으로 묶을 수 있습니다. 이를 앞에서 설명한 종차와 유개념에 의한 컨셉 정의의 틀로 활용할 수 있습니다. 예를 들어 "브랜드 A는 비타민(원료)을 분말로 농축(형태)하여 복용하면 업무로 쌓인 피로를 제거하여(변화) 생활에 활력을 준다(혜택)"와 같이 네 가지 요소로 나누어 속성-편익을 좀 더 세분화하는 데 사용할 수 있습니다.

아리스토텔레스의 《오르가논》은 그가 창시한 논리학과 저서를 후계자들이 집대성한 책입니다. 《오르가논》의 첫 편 〈범주론〉은 이 책의 주제인 '개념'을 다루고 있습니다. 아리스토텔레스가 말하는 범주란 세상에 존재하는 사물들을 언어로 설명하는 데 사용되는 서술어의 유형을 구분한 것입니다. 흔히 소비자가 "이 제품은 무엇인가?"라고 물을 때 마케터나 영업사원이 그 제품을 설명하는 데 사용하는 서술어들을 분류하여 종류를 나눈 것입니다. 여기에는 분량, 성질, 관계, 상태, 장소, 시간, 소유, 능동, 수동의 9종류가 있습니다. 그리고 주어에 해당하는 개념이 실체이고, 서술어에 해당하는 것은 실체를 설명하는 개념으로 볼 수 있습니다.

따라서 범주는 실체를 포함하여 모두 10가지입니다. 10가지 중 능동, 수동, 소유는 그리스어와 같은 서양 언어의 문법적 특성에서 나온 것이므로 제외하고, 장소와 시간은 칸트처럼 감각을 받아들이는 형식으로 제외하면 실체, 분량, 성질, 관계, 상태의 다섯 가지로 구분할 수 있습니다. 실체를 브랜드로 보면 관계는 경쟁 브랜드나 고객과의 관계를 정의하는 데 사용되고, 이 둘을 제외한 세 가지는 속성이나 편익의 정의에 사용될 수 있습니다.

마지막으로 컨셉카페에서 PASS에 감각 재료들을 결합하여 32가지의 제품 차별화 방법에 대해 설명했는데, 이 공식에 아리스

컨셉정의 삼각형 요소	종차와 유개념으로 정의	아리스토텔레스의 4가지 원인	실체, 성질, 분량, 상태, 관계의 5범주
제품 범주	유개념	–	경쟁 브랜드와 관계
표적 고객	표적 고객을 종차로	–	고객과의 관계
속성–편익	속성이나 편익을 종차로	속성: 질료인(원료)과 형상인(형태) 편익: 작용인(변화)과 목적인(혜택)	속성: 성질, 분량 편익: 상태

토텔레스의 4원인에서 도출된 네 가지를 추가하여 아래와 같이 확장할 수 있습니다.

(색형동물속 + 성향미) $\times$ PASS $\times$ (원료, 형태, 변화, 혜택)

아리스토텔레스의 은유와 개념 정의

아리스토텔레스는 《시학》에서 시적 언어로 은유의 중요성을 강조합니다. 그리고 은유를 구사하는 능력은 천재의 징표라 하였습니다.

> "은유란 유에서 종으로, 또는 종에서 유로, 또는 종에서 종으로, 또는 유추에 의하여 어떤 사물에 대하여 다른 사물의 이름을 전용하는 것이다. … 그러나 훨씬 더 중요한 것 은유를 능숙하게 구사하는 일이다. 이것은 남에게서 배울 수 없는 천재의 징표이다. 왜냐하면 은유를 능숙하게 다룬다는 것은 서로 다른 사물의 비슷한 점을 빨리 간파할 수 있다는 것을 뜻하기 때문이다."
>
> ─《시학》, 아리스토텔레스[78]

은유는 서로 비슷한 점을 간파하는 것이지만 여기에는 또 다른 요인이 있습니다. 바로 비슷한 것 중에서 하나는 익숙하지 않은 것이고 다른 하나는 전혀 익숙하지 않은 것, 또는 하나는 감각적으로 느낄 수 있는 것(구체적인 것)이고 다른 하나는 감각적으로 전혀 느낄 수 없는 것(추상적인 것)이죠.

아리스토텔레스의 《시학》에서 언급한 은유의 분류를 움프쿠아의 브랜드 정의에 적용하면 아래와 같습니다. 이를 변형해서 법칙 13에서 'A 제품 범주 같은 B 제품 범주'로 브랜드를 정의하는 방법으로 다시 표현해보았습니다. 'A 제품 범주 같은 B 제품 범주'의 표현도 다양하게 변형될 수 있습니다.

아리스토텔레스의 은유 분류	브랜드 정의의 예	"A 제품 범주 같은 B 제품 범주"
종을 다른 유로 (다른 유를 종에)	움프쿠아는 "호텔"이다. (호텔이야말로 움프쿠아적이다)	움프쿠아는 호텔 같은 은행이다
종에서 다른 종으로	움프쿠아는 "스타벅스"다	움프쿠아는 스타벅스 같은 은행이다
유추 (A에 대한 B의 관계는 C에 대한 D의 관계와 같다)	은행이 커피숍이라면 움프쿠아야말로 스타벅스이다.	스타벅스 커피숍 같은 움프쿠아 은행

법칙 14

소비자 눈높이의
언어로 말하라

중급 이상의 사람에게는 상급의 말을 해줄 수 있지만,
중급 이하의 사람에게는 상급의 말을 해줄 수 없다.

- 공자

미국 워싱턴 스미스소니언 박물관에서 벌어진 일입니다. 키가 큰 한 중년신사가 그림 앞에만 가면 무릎을 구부려 키를 낮춘 자세로 그림을 올려다보았다고 합니다. 이 중년신사의 그림 감상법이 하도 독특해 주변 사람이 물었습니다. "아니, 대체 왜 그러십니까? 무슨 일이 있으신가요?" 그랬더니 신사는 이렇게 대답했다고 합니다.

"저는 초등학교 선생님인데 내일 학생들과 이곳에서 현장학습을 하기로 했습니다. 그래서 아이들 눈높이에서 그림을 보면 어떻게 보일지 궁금해서요."

아이들 눈에 그림이 어떻게 보일지 아이들의 눈높이에서 그림을 살펴보았던 이 선생님은 이후 대단히 유명한 광고 모델, 아니 표현컨셉이 되었습니다. 학습지 회사 대교의 '눈높이 교육'은 '수준별 맞춤형 교육'이라는 브랜드컨셉을 더 없이 근사하게 묘사한

브랜드 스토리이자 '표현컨셉'입니다. 이 눈높이를 맞추는 작업이
얼마나 중요한지 소개해드릴까 합니다.

일상언어와 이상언어, 신한금융투자

"너 이름이 뭐니? 내 자산 맡길 수 있겠니?" 하는 가수 양희은의
목소리로 시작하는 광고가 있었습니다. '너 이름이 뭐니?'라는 유
행어를 만들어낸 신한금융투자의 광고입니다. '이름이 뭐니?', '이
름에서 답을 찾자', '증권보다 더 큰 이름!' 20초의 짧은 광고 안에
서 계속해서 '이름'을 강조하고 있는데요. 다 이유가 있습니다.

2009년 신한증권은 국내 증권사 중 처음으로 사명에서 '증권'
이란 단어를 떼어내고 신한금융투자가 되었습니다. 자본시장통합
법이 시행됨에 따라 증권, 종금, 선물, 자산운용, 신탁 등 다섯 가지
사업을 할 수 있게 되자 '금융투자'의 하위 항목에 해당하는 '증권'
을 사명에서 떼어낸 것이지요.

문제는 '금융투자'란 용어는 금융업계에 잘 알려져 있지만 일반
소비자는 정확히 뭘 의미하는지 잘 몰랐다는 사실입니다. 회사 이
름을 바꾼 후, 텔레마케터가 고객 유치를 위해 전화를 걸어 '신한
금융투자'라고 소개하면, 불법대출 관련 회사로 알고 전화를 끊어
버리는 일도 많았다고 합니다. 심지어는 기존 고객들도 신한금융

투자에서 전화가 오면 무슨 회사인지 한동안 묻기도 했답니다.

그래서 최초 상기율 기준으로 2009년에 9퍼센트였던 인지율이 사명 변경 후인 2010년 하반기엔 2퍼센트로 급락했습니다. 그러나 새로운 사명을 알리는 이런 광고 덕분인지 조금씩 회복되면서 2013년에는 최초 상기율이 8퍼센트에 이르렀습니다.

'이상언어'와 '일상언어', 언어철학자들은 언어를 이렇게 두 가지 종류로 구분합니다. 이상언어는 사물을 있는 그대로 그림 그리듯 그려내는 역할을 하는데, 주로 과학이나 공학에서 사용됩니다. 과학이나 공학에서는 사물을 있는 그대로 언어화해야만, 현상을 객관적으로 설명하고 제품을 만들어낼 수 있기 때문에 '객관적이고 정확한 언어'를 사용하죠. 반면, 우리는 일상에서 마음속 이미지를 상징하는 언어를 사용하는데요. 이게 바로 '일상언어'입니다. 마케팅에서 이상언어가 기술자들이 사용하는 언어에 해당한다면, 일상언어는 바로 '소비자의 언어'인 셈이지요.

제품을 개발할 때는 사내에서 제품 개발을 담당할 기술자와 소통하기 위해 기술자의 언어를 사용한다 해도, 소비자와 소통할 때는 반드시 소비자 언어로 바꿔줘야 합니다. '투자금융'이란 개념역시 업계에서만 이해 가능한 기술자 언어이지 소비자 언어는 아닌 거죠.

골라보기, 몰아보기, 다시보기, 찾아보기

KT는 2008년 '메가티비'라는 브랜드로 IPTV를 출시합니다. IPTV는 인터넷으로 연결되는 TV입니다. 기존 TV처럼 채널을 시청하면서 원하면 언제든지 비디오를 볼 수 있는, 당시만 해도 신개념 TV였습니다. 요즘이야 IPTV가 제법 알려져 있지만 출시 당시만 해도 너무나 생소한 개념이었죠.

그래서일까요? 출시 후 2년간 매출은 부진을 면치 못했습니다. 처음 정책은 기존 케이블TV처럼 채널 수와 종류에 따라 상품을 세분화해 시청하는 채널 수가 많으면 더 비싼 요금을 지불하는 것이었습니다. 상대적으로 케이블TV의 요금은 절반 정도밖에 안 됐기 때문에 소비자 입장에선, 비슷해 보이는 서비스인데 가격만 더 비싸다고 느껴진 게 문제였습니다.

그래서 2010년에 KT는 컨셉에 변화를 주기로 결정합니다. 핵심은 '채널 중심'에서 'VOD 중심'으로의 변화였죠. 소비자에게 아래와 같이 상품을 채널 수로 세분화한 컨셉(기존 컨셉)과 소비자를 생애주기별로 각 세분 시장에 맞게 비디오 콘텐츠를 제공하는 컨셉(새로운 컨셉)을 제시하고 어느 쪽을 선호하는지 물었습니다. 조사 결과 비디오 콘텐츠 중심의 컨셉 선호가 월등히 높은 것으로 확인되었습니다.

그래서 채널 수로 세분화한 기존 컨셉에서 벗어나기로 합니다.

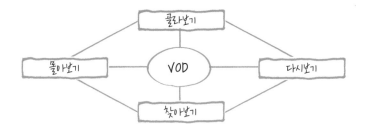

소비자의 생애주기별로 카테고리를 세분화해 그에 맞게 비디오 콘텐츠를 제공하는, 케이블TV와는 차별화된 컨셉을 채택합니다.

기술자의 언어에서 소비자의 언어로

그런데 막상 컨셉을 변경하려니까, VOD가 뭔지 정확히 아는 소비자가 거의 없었습니다. VOD는 Video on Demand로, '주문형 비디오'라고 번역되는데요. IPTV 보급 당시만 해도 업계 사람들만 아는 '기술자 언어'였습니다. 소비자들을 불러서 VOD가 뭔지 얘기해보라고 한 적이 있었습니다. 그때 한 분이 용감하게 손을 들어서 하는 말이 "VOD는 비디오, 오디오, 디지털의 약자 아닌가요?"였습니다. 소비자가 모르는 기술자 언어를 아무 생각 없이 사용해왔다는 걸 깨닫게 된 순간이었죠.

VOD를 소비자의 언어로 눈높이를 맞춰주기 위한 고민이 시작됐습니다. 그리고 이러한 고민의 결과, 소비자 언어로 쉽게 풀어주는 표현컨셉을 찾았습니다. 그 결과 VOD가 소비자에게 주는 다양한 혜택을 상징한 "골라보기, 몰아보기, 다시보기, 찾아보기"라는 표현컨셉을 개발하여 이를 통해 채널 중심에서 VOD 중심으로 제품컨셉을 바꾸었습니다. 그리고 VOD 중심인 '올레 TV'의 강점을 설명하는 광고를 만들어 이를 아이패드에서도 볼 수 있게 하고 영업사원들도 활용하게 하였습니다.

아울러 VOD 사용량을 늘리기 위해 장르 이름도 바꾸었습니다. '어린이'는 '어린이 동산', '스포츠'는 '스포츠 광장', '환타지'는 '환타지 세계' 등 이미지가 더 잘 떠오르는 상징어로 바꾸었습니다. 그리고 이전에 '영화'라는 장르도 '죽기 전에 꼭 보아야 할 영화 100선', '심리가 치유되는 영화' 등으로 세분화하면서 상황별로 영화를 보아야 할 이유를 제시하였죠. 이런 모든 작업은 올레 TV가 'VOD 중심의 TV'라는 컨셉을 강화하고 그리고 VOD의 사용량을 높이기 위한 것이었죠.

이런 노력 덕분인가요. KT의 IPTV 가입자는 2010년 208만에서 2011년 307만으로 증가하였고, 2011년에는 평균 사용시간이 전년 대비 60퍼센트 증가했습니다. 그리고 해지율도 2011년에는 전년 대비 68퍼센트나 감소했습니다.

"중급 이상의 사람에게는 상급의 말을 해줄 수 있지만, 중급 이하의 사람에게는 상급의 말을 해줄 수 없다中級以上 可以語上也. 中級以下 不可以語上也."

공자의 말입니다. 공자 역시 사람에 따라 그 사람의 눈높이에 맞춰 어려운 말과 쉬운 말을 조절해 말씀을 설파하셨다고 합니다. '소비자 눈높이의 언어로 말하라.' 여러분 끌리는 컨셉의 14번째 법칙을 기억하고 혹시나 지금 '우리끼리만 아는 얘기'로 소비자를 소외시키고 있지는 않은지 체크하시기 바랍니다.

CONCEPT CAFE 14

일상언어와 이상언어

20세기 들어서도 아리스토텔레스처럼 사고의 명료화를 위해 철학을 시작한 사람이 있습니다. 바로 비트겐슈타인입니다. 비트겐슈타인은 하나의 낱말이 오직 한 가지 의미를 지시하는 이상언어를 만들이내면 언어로 인한 혼란이 해결된다고 생각했습니다. 언어는 대상을 있는 그대로 그리는 그림과 같은 역할을 하니, 언어와 사실을 대응시켜 논리적 명제를 만들면 이 세상의 어떤 사실도 표현할수 있고, 따라서 참과 거짓을 판단할 수 있다는 것입니다.

당시 철학계는 비트겐슈타인의 새로운 논리학에 열광했죠. 그러나 비트겐슈타인은 자신의 언어이론이 현실의 언어생활과 맞지 않음을 깨닫고 언어의 본질에 대한 이론을 수정합니다. 언어의 본질은 실제의 그림이어서 사물을 그대로 지시하는 것이 아니고 그 '사용'에 의해 의미가 결정된다고 수정합니다. 후대의 언어철학자는 비트겐슈타인의 철학을 전기와 후기로 구분하는데 전기에서 '이상언어'를 다루었다고 하고, 후기에서는 '일상언어'를 다루었다고 이야기합니다. 그런데 비트겐슈타인이 왜 입장을 바꾸었을까요?

언어 표현의 두 측면 1: 정확성과 공유성

이 질문에 대답하기에 앞서 다른 질문을 해보겠습니다. 이 세상에는 이상언어의 어휘 수가 많을까요, 아니면 일상언어의 어휘 수가 많을까요? 사람들은 일상언어의 어휘 수가 많다고 생각할지도 모릅니다. 그런데 그 반대입니다. 우리가 사용할 수 있는 이상언어의 어휘를 다 모으려면 각 분야에서 전문용어집을 다 모아야 합니다. 법률용어, 의학용어, 공학용어, 과학용어, 경영용어 등이죠. 기술이나 과학도 각 분야별로 용어집을 다 모으면 아마 웬만한 국어사전의 몇십 배가 될 것입니다.

각 분야에서는 사물이나 현상을 지칭하는 전문용어들을 만들어 언어를 정확하게 사용하려고 노력합니다. 그래서 이상언어를 한편으로는 인공언어라고 하고, 이에 대비되는 일상언어는 자연언어라고 합니다. 그러나 이상언어(인공언어)는 대다수 사람들과 공유하지 않고 자기 분야에서만 공유(소통)되는 고립된 언어입니다.

반면에 일상언어는 모든 사람들과 소통이 가능한 언어입니다.

일상언어는 공유성은 높은 보편언어입니다. 앞에서 국어사전 정도를 일상언어의 어휘 수로 보았는데 사실은 일상에서 국어사전에 실린 어휘의 몇십 분의 일도 사용하지 않을 것입니다. 영어의 경우 1,000개의 단어만 알아도 75퍼센트의 일상 대화를 이해할 수 있다고 합니다. 일상 대화에서는 공유성이 높은 단어들을 주로 사용하기 때문입니다. 그러나 일상언어는 정확성이 떨어집니다.

법칙 14에서 소개한 '금융투자'가 아마도 그 회사를 설명하는데 더 정확한 단어이지만 그것은 소비자와 공유되지 않은 단어입니다. 이것은 'VOD'도 마찬가지입니다. 이상언어도 모든 사람들이 숙지해서 공유하게 되면 일상언어로 바뀌게 됩니다. 아마 '금융투자'나 'VOD'도 자주 사용되어 그 의미를 거의 모든 사람들이 공유하면 국어사전에 수록될지도 모릅니다.

비트겐슈타인은 언어의 혼란을 막기 위해 논리의 언어 즉 이상언어를 만들어야 한다고 생각했는데 이상언어가 일상언어보다 우월하다고 생각해서이지요. 이것은 한 가지 측면에서만 옳습니다. 바로 정확성 측면이죠. 그런데 공유성 측면에선 오히려 일상언어가 더 이상적인 것이죠. 비트겐슈타인은 천재였기에 스스로가 이 점을 깨달았던 것 같습니다. 정확성이 문제가 되어 많은 어휘를 만들어 쓴다면 아마 우리 국어사전은 방대한 백과사전으로 바뀔 것이고 학습해야 할 단어들이 너무 많아 언어 습득도 지금보다 어려워질 겁니다. 아마 성경의 바벨탑 이야기처럼 서로를 고립시켜 또 다른 언어의 혼란을 야기할지도 모릅니다.

　일상언어는 이처럼 어휘 수가 많아지는 것을 줄이기 위해 하나의 단어가 여러 의미를 갖는 다의적인 것이 많습니다. 그러나 다의적이라고 해서 아리스토텔레스나 비트겐슈타인이 우려한 만큼 심각하지는 않습니다. 우선 인간은 문장의 문맥을 통해서 다의적으로 쓰이는 낱말의 의미를 확정할 수 있는 능력을 타고났습니다. 이것이 바로 비트겐슈타인이 말한 '말의 의미는 그 사용에 의해 결정된다'는 것입니다. 그리고 그 의미를 서로 이해하는 것은 서로 의미를 공유하기 때문에 가능한 것입니다.

　비트겐슈타인은 '언어는 그림'이라는 관점을 포기하고 '언어는 게임'이라는 관점을 내세웁니다. 장기를 둘 때 장기 게임의 규칙을 서로 숙지하지 않은 사람 간에는 장기를 둘 수 없는 것처럼 의미를 공유하지 않는 사람과는 언어로 소통할 수 없습니다. 언어가 게임이라는 말은 바로 언어의 공유성 측면을 강조한 비유라 할 수 있습니다.

언어 표현의 두 측면 2: 사물과 표상

언어의 본질을 이해하면 일상언어를 이상언어화하려는 비트겐슈타인의 시도는 원초적으로 불가능함을 알 수 있습니다. 아마 비트

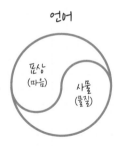

언어

표상
(마음)

사물
(물질)

겐슈타인이 선배 언어철학자들을 참조하였다면 그런 시행착오는 없었을 것입니다. 훔볼트는 언어는 사물을 지시하는 기능을 넘어 사물의 형상形象을 구성한다고 주장하였습니다. 훔볼트를 계승한 독일의 언어철학자 레오 바이스게르버는 언어를 객관적 사물과 인간의 의식 안의 '주관적 존재' 사이에 이룩된 '중간세계'라고 하였습니다.[79] '주관적 존재'란 마음속의 이미지를 말하며 철학에서는 이를 표상이라고 합니다.

중간세계란 결국 언어의 양면성을 의미합니다. 언어는 마음의 안과 밖을 자유롭게 드나들면서 마음과 물질을 연결해줍니다. 이런 양면성 때문에 언어는 한편으론 사물을 지시하기도 하며 다른 한편으론 인간의 사물에 대한 표상(관념)을 지시하기도 하는 것입니다. 컨셉카페 9에서 언급한 상징의 양면성과 여기서 말하는 언어의 양면성은 유사한 것이죠. 그래서 그림과 같이 음과 양이 합쳐진 태극 형태로 나타내 보았습니다.

결국 과학에서는 언어가 객관적 사물을 지시하는 것으로만 보지만 일상에서 언어는 본질적으로 사물에 대한 우리의 표상(이미지)을 지시하는 것입니다. 언어는 표상이라는 우회로를 거치지 않고 사물을 직접 지시할 수 없는 것입니다. 마음 밖의 사물은 독립적으로 존재하지만 이를 지시하는 언어는 독립적이 아닙니다. 마음속에서 표상들(이미지)은 서로 연관이 되어 있기에 이를 지시하는 언어들도 자연히 서로 연관이 되어 있습니다. 마음속 표상은 언어에 의해 개념이 되는 것입니다. 그래서 언어화된 개념은 개념 체계 안에서 상대적으로 의미가 정해지는 것입니다. 그래서 절대적 의미가 아닌 상대적 의미만 갖게 되는 것이 일상언어의 특징입니다.

일상언어에서는 사물이나 사건을 직접 지시하지 않고도 바로 연관된 표상 또는 심상(이미지)을 불러일으켜 우회적으로 사물이나 사건을 지시할 수 있습니다. 그래서 적은 수의 어휘에도 많은 사물이나 사건을 간접적으로 지시(즉 암시)할 수 있는 것입니다. 상징이나 은유(비유)적 표현이 그것입니다. 어떤 경우에는 상징이나 은유를 사용하면 직접 지시할 때보다 이해도 쉽고 더 효과적입니다. 왜냐하면 일상언어는 심상이나 표상을 불러일으켜 상상에 의한 감각을 촉발하기 때문입니다.

예를 들면 '눈높이 선생님'을 수준별 맞춤식 교육이라고 표현하는 게 대교의 서비스 컨셉을 직접적으로 지시 또는 묘사하는 것이지만 '눈높이 선생님'이라는 상징물로 표현을 사용하면 심상(이미지)이 구체적으로 떠올라 쉽게 이해가 됩니다. 어떤 경우, 특히 화장품과 일반의약품 등에서는 법적규제로 상징(암시)적 표현을 써야 하는 경우도 생깁니다. 컨셉카페 9에서 인간은 '언어 구속적'이고 '상징 구속적'이라고 했는데, 바로 언어나 상징이 마음과 사물 또는 정신과 물질을 연결하는 매개 수단이기 때문입니다.

생존확률 90퍼센트와 사망확률 10퍼센트의 차이

법칙 4에서 '비누처럼 쓸 수 있는 팩'의 사례를 설명하면서 세상을 바라보는 마음의 창 또는 어떤 문제를 바라보는 관점으로 프레임이란 단어를 사용했는데, 이는 행동경제학 용어에서 가져온 것입니다. 행동경제학의 창시자 대니얼 카너먼 프린스턴대 교수가 노벨 경제학상을 받으면서 마케팅에서 소비자 선택에 대한 이론에 많은 통찰을 제시했습니다. 그러나 행동주의 경제학의 틀로 마케팅 문제를 바라보려는 시도는 자칫 당위와 현실을 착각하는 우를 범할 수 있습니다. 마치 비트겐슈타인처럼 현실에서 실제로 '사용되는' 언어(일상언어)를 '사용되어야' 하는 언어(이상언어)로 착각하는 것처럼 말이죠.

행동주의 경제학에서는 인간의 인식이 프레임에 영향을 받는다는 것을 다양한 실험을 통해 설명합니다. 대표적인 실험을 소개하겠습니다. 응답자의 어머니가 암에 걸려 수술을 받아야 할 상황을 상정하고, 한 집단에게는 의사가 수술하면 어머니가 생존할 확률이 90퍼센트라 하고 다른 집단에게는 수술하면 사망 확률이 10퍼센트라고 이야기해줍니다. 그러고 나서 수술할 의향을 물어보면, 생존 확률을 90퍼센트로 들은 집단의 의향이 사망 확률 10퍼센트로 들은 집단보다 월등히 높다는 프레임 효과를 보여줍니다.

그런데 여기서 짚고 넘어 갈 것이 있습니다. 행동경제학자들의 언어는 과학이나 논리에서 사용하는 언어를 염두에 두고 있다는 점입니다. 그래서 생존확률 90퍼센트(사망 확률 10퍼센트)는 수학적 논리로 같다고 본 것입니다. 그래서 두 집단이 비슷한 비율을 보여야 하는데 그렇지 않다는 것을 보여주어 이런 결과가 놀랍다는 점을 말하려는 것이지요.

그런데 행동경제학자들이 생존 확률 90퍼센트를 사망 확률 10퍼센트와 같다고 본 것은 이상언어의 관점일 뿐입니다. 일상언어(자연언어)의 관점에서 둘은 전혀 다른 것입니다. 앞에서도 이야기했지만 일상언어는 바로 인간에게 심상(이미지)을 불러일으키는 언어입니다.

수술 후 결과를 생존 확률로 들은 사람은 어머니가 살아 있는 모습을 떠올리고 사망 확률로 들은 사람은 어머니가 죽은 모습을 떠올리게 됩니다. 그래서 응답 비율은 다르게 나오게 되어 있습니다. 하나도 놀랄 만한 점이 없습니다. 인간의 일상에서 사용하는 언어는 심상(이미지)을 불러일으키며 그래서 인식에도 영향을 준다는 점을 이해하면 당연한 결과이죠. 행동주의 경제학자들도 비트겐슈타인처럼 일상언어를 이상언어로 착각하고 있는 똑똑한 바보일 뿐입니다.

마케팅에서의 시사점

이상에서 논의한 이상언어-일상언어의 구분을 컨셉큐빅으로 설명해보겠습니다. 컨셉큐빅의 표현의 축을 지시-암시 또는 묘사-상징으로 지칭했는데 지시(묘사)의 역할을 하는 것이 여기서 언급한 이상언어라고 보고 암시(상징)와 같은 간접적 방법으로 사물과 현상을 표현하는 것이 일상언어로 보면 됩니다. 그리고 컨셉 표현에는 이상언어가 갖는 정확성과 일상언어가 갖는 공유성을 동시에 고려해야 한다는 것입니다.

컨셉카페 3에서 칸트의 인식론이나 컨셉카페 4에서 훔볼트의 언어는 인식에 영향을 미쳐 현실을 창조한다고 했습니다. 컨셉카페 4에선 인간은 언어 구속적이라고 했습니다. 이제 이상언어와 일상언어를 구분하였으니 하나의 조건을 붙여야 합니다. 여기서 말하는 언어는 이상언어가 아니고 일상언어입니다.

마음의 안과 바깥을 연결해주는 언어의 기능 때문에 브랜드는

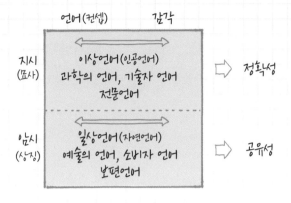

컨셉(언어)을 통해 브랜드 이미지로 변환되는 것이죠. 앞서서 컨셉은 제품컨셉이 표현컨셉으로 발전한다고 했습니다. 제품컨셉을 만들 때는 기술자들이 쓰는 언어로 다듬어져야 합니다. 이상언어를 사용해야 하는 것이죠. 왜냐하면 컨셉을 바탕으로 물리적 제품을 형상하려면 명료하고 정확한 언어를 사용해야 하기 때문입니다. 표현컨셉을 만들 때는 소비자 관점의 소비자 언어를 사용해야 합니다. 이것이 일상언어에 해당되죠.

따라서 마케팅에서는 일상언어와 이상언어가 모두 필요합니다. 문제는 일상언어가 필요할 때 마케터가 이상언어를 사용하거나, 이상언어가 필요할 때 일상언어를 사용하는 경우입니다. 전자의 경우는 소비지와 소통이 안 되고 후자의 경우에는 사내에서 제품 개발을 담당할 기술자와 '정확한' 소통이 안 되는 것입니다. 제품 또는 서비스를 만들어야 함과 동시에 소비자들을 이해해야 하는 마케터는 이상언어와 일상언어의 구분을 명확히 이해할 필요가 있고 이 사이에서 자유자재로 넘나들며 마케팅 전략을 구사할 수 있어야 합니다.

법칙 15

지시와 암시가
보완되게 하라

마케팅의 목적은 소비자들의 충족되지 못한 욕구를 발견하고,
이를 충족할 방법을 마련하여
판매를 불필요하게 하는 것이다.

- 피터 드러커

세계적 생수업체인 에비앙이 만든 유튜브 광고 롤러베이비스는 5,000만 번이 넘는 조회 수로 온라인 광고 부문에서 기네스북 신기록에 올랐습니다. 이 동영상에서는 기저귀를 입은 아기들이 등장해 롤러스케이트를 타고 춤을 추면서 갖가지 묘기를 부립니다. 아기들의 동작은 그래픽 이미지이지만 얼굴은 실제 아기 표정이어서 사람들로부터 호감을 얻었습니다. 그러나 이 동영상이 인기를 끌던 그해 에비앙은 매출이 25퍼센트가 떨어졌습니다.

비슷한 컨셉, 실패한 프로모션

한편 이집트 유제품 기업 판다치즈의 유튜브 광고에서는 사람들

에비앙 롤러베이비스(상) |
판다치즈(하) |

이 사무실, 병원, 식당에서 음식을 먹거나 만드는 장면이 나오고 곧 이어 이를 지켜보는 판다가 등장합니다. 판다는 사람들이 먹거나 만든 음식을 엎어버리거나 걷어찹니다. 마지막 장면에서는 "판다에게 노No라고 말하지 마!" 하면서 광고가 끝납니다. 이 광고는 사람들의 흥미를 끌었을 뿐 아니라 크게 성공한 것으로 알려지고 있습니다.[80] 판다치즈는 왜 성공하고 에비앙의 롤러베이비스 광고는 왜 실패했을까요?

판다나 어린이는 일종의 상징입니다. 이렇게 귀여운 상징을 내세우는 이유는 감성적 반응을 유도하여 소비자의 심리적 저항을 줄이기 위해서죠. 그런데 감성적 반응을 유도하는 상징만 있고 사용 상황을 묘사하거나 직접적 지시를 하는 표현이 없다면 호감으로 끝나게 됩니다.

판다치즈의 경우 다른 음식을 엎는 행위와 마지막에 "판다에게 노라고 말하지 마"라는 표현은 다른 것 사지 말고 판다치즈를 사라는 직접적인 표현인 것이죠. 상징으로 감성적 반응을 불러일으키고 여기에 덧붙여 브랜드의 특성을 묘사하거나 지시하여 사야할 이유를 이성적으로 이해시켜야 합니다. 롤러베이비스에서는 이것이 빠져 있어 브랜드와 연관성이 결여된 채 상징만 있는 것이죠. 즉 컨셉의 표현에서 상징과 지시를 결합하여 인식에서 감성과 이성(이해)이 조화를 이루게 해야 합니다. 여기서는 지시와 상징이 조화를 이룬 표현컨셉의 사례를 알아보지요.

우유가 맛있어지는 빨대 속 초콜릿

동원 F&B가 호주에서 '퍼니스트로우'를 수입해서 판매를 하였습니다. 이 제품은 빨대 안에 초콜릿이나 바닐라가 들어 있었는데 이 빨대를 우유에 꽂아 빨면 우유가 입에서 목으로 넘어가면 초코 우

유나 바닐라 우유가 됩니다. 그래서 브랜드컨셉을 '재미있는 빨대'
라 한 것입니다. 설명을 들으면 이것이 왜 재미있는지 알 수 있지
만 유감스럽게도 이 제품은 광고도 하지 않고 그냥 진열해서 파는
제품이었습니다. 한편 그림을 보면 포장에는 소가 무엇을 들고 있
는 모습이 보입니다. 이는 감각기호로 치면 지표 내지는 심벌에 해
당합니다. 소가 들고 있는 것이 빨대인지, 진열대를 지나치는 소비
자가 겉포장의 그림을 보고 인식하기는 참 어렵습니다. 그래서 예
상보다 매출이 저조했습니다.

　그런데 한 대형 할인점의 어떤 매장에서 매출이 타 매장의 몇
배가 되었습니다. 이 매장에 진열된 퍼니스트로우를 살펴보니 이
해가 갑니다. 진열대에서는 소녀가 우유에 빨대를 꽂아서 시음하
는 모습이 사진으로 찍혀 있었습니다. 이것은 제품이 사용되는 상
황을 직접적으로 묘사한 것으로 감각기호로 치면 도상기호에 해
당합니다.

퍼니 스트로우 |

그리고 퍼니스트로우의 포장을 해체해서 진열했습니다. 겉포장을 까면 낱개 포장이 나오는데 이것도 까서 초콜릿이 들어간 빨대를 볼 수 있게 했습니다. 겉포장을 감성적 반응을 유도하는 상징(기호로는 심벌)으로 보면 겉포장을 해체해서 초콜릿이 들어간 빨대를 있는 그대로 보여준 것은 지시(기호로는 도상기호)에 해당합니다. 소비자가 진열대를 지나가다 소녀가 빨대를 빼는 모습과 포장지가 해체되어 초콜릿이나 바닐라가 들어 있는 빨대를 보게 되면 이 제품이 어디에 필요한지 알게 됩니다.

뒤늦게 바뀐 표현방법

이런 진열 방법이 매출을 높인다는 것을 알게 된 마케터는 전 매장에 사용하기 위해 광고판촉물인 POP를 만들어 어린 소녀가 빨대를 꽂아 우유를 마시는 사진을 집어넣었습니다. 거기에 '우유에 타지 않고 재미있게 꽂아 마시는'이라는 문구를 집어넣었습니다. 그 결과 저조했던 매출이 증대되었습니다.

퍼니스트로우는 종차와 유개념을 사용하여 브랜드컨셉을 정의한 것입니다. 그런데 종차를 속성이 아닌 편익으로 사용하였습니다. 편익을 사용하는 경우에는 제품의 장점을 금방 이해하기 어렵습니다. 퍼니스트로우의 경우에는 편익보다 '초콜릿이 들어 있는 빨대'라고 종차를 속성으로 사용하는 것이 더 좋았을 것입니다.

포장 그림에 소를 사용하거나 초콜릿보다는 종차로 퍼니(재미있음)를 내세운 것은 아마 소비자의 감성적 반응을 유도하기 위해서일 것입니다. 그런데 왜 재미있는지, 그리고 왜 소가 나오는지 이성적으로 이해하지 못하면 호감이 구매로 이어지지 않죠. 그래서 왜 재미있는지를 감각적(시각적)으로 나타내어 구체적으로 설명하여야 합니다. 종차로 편익을 사용하는 경우에는 보완적으로 포장이나 제품의 사용 방법을 이해할 수 있게 사용 상황이 담긴 도상기호를 사용할 수 있습니다. 도상기호가 컨셉카페 5에서 설명한 것처럼 지시적 표현인 것이죠.

지시와 암시가 잘 융합된 오설록 시리즈

오설록은 아모레퍼시픽이 1979년에 개발한 녹차 브랜드입니다. 한라산 중턱에 자리 잡은 차밭에서 재배한 원료로 녹차 고유의 색과 향미를 갖추면서도 전통적인 방법을 현대적으로 재현한 브랜드컨셉으로 소비자에게 호평을 받고 있습니다.

오설록의 제품라인 중에 '신 오브 제주Scene of Jeju'는 녹차에 특수 향이나 곡물을 혼합한 특수차 라인의 명칭입니다. 이 제품라인에는 배합한 향에 따라 '비의 사색', '금빛마중', '바람의 노래'와 같

은 제품이 있는데, 각 제품의 포장에 '맛'과 '멋'이라는 항목으로 제품을 소개하고 있습니다. 이 중에서 '비의 사색'을 소개하면 다음과 같습니다.

비의 사색 '멋'

비안개처럼 피어오르는 찻김 사이로 퍼져 나오는 촉촉이 빗물 머금은 풀내음과 풋풋한 흙내음. 가만히 그 향을 심호흡하면, 비 온 후 아무도 찾지 않은 고요한 사려니 숲길을 산책하는 듯합니다.

비의 사색 '맛'

제주 삼나무 통에서 숙성한 삼다연의 풍미에 애플시나몬 향이 어우러진 오리엔탈 스파이시 블렌딩 티.

비의 사색 '멋'에서는 제품을 감성적으로 표현했습니다. 제품을 암시, 즉 상징으로 표현한 것입니다. 그리고 비의 사색 '맛'에서는 제품을 객관적으로 설명하였습니다. 제품의 원료나 제조 방법과 같이 맛을 객관적으로 묘사(지시)한 것이죠. 이처럼 브랜드나 제품 설명에 있어서도 묘사(지시)와 상징(암시)이 서로 보완되도록 하면 소비자에게 더 좋은 호감을 얻고 구매로 유도할 수 있습니다.

TV, 두드려보고 선택하세요

법칙 14에서 이상언어와 일상언어의 구분에 대해 이야기했습니다. 마케팅에서 이상언어를 일상언어로 바꿔 성공한 다른 사례를 살펴봅시다. 평면 TV 시대로 진화되면서 TV 액정디스플레이도 더 넓은 시야각이 필요해졌습니다.

  LG디스플레이는 LCD 액정디스플레이의 광시야각 기술로 IPSIn Plane Switching라는 기술을 적용하였습니다. LG디스플레이가 적용한 IPS 기술로 만든 액정디스플레이는 시야각이나, 옆면에서 봤을 때의 색 변화 등 여러 부분에서 탁월합니다. 기존 기술로 만든 모니터는 두드리면 화면이 불안정하여 번쩍임이 발생하지만 IPS 기술로 만든 액정디스플레이는 두드려도 화면이 안정적이었습니다. 그러나 중국시장에 진출하면서 IPS 기술을 차별점으로 내세웠으나 효과가 없었습니다. IPS와 같은 기술용어를 소비자가 이해할 수 없었기 때문입니다.

그래서 중국인이 이해할 수 있도록 '경병硬屏'이라는 이름을 만들었습니다. 병屏은 병풍이란 뜻으로 병풍처럼 펼쳐져 있는 것을 의미하고, 경硬은 단단하다는 의미

LG 경병 TV l

를 갖습니다. 이는 IPS를 소비자 언어로 풀이한 것입니다. 이름과 아울러 "두드려 보고 경병을 선택하세요!"라는 메시지도 만들었습니다. 이 이름으로 판매하니 자연히 경쟁사 제품은 약하다는 의미의 '연병軟屏'으로 불리는 효과까지 가져왔습니다. IPS라는 기술용어를 사용하여 고객과 소통했다면 제품의 장점이 가려질 수 있었지만 소비자 언어(일상언어)를 개발해서 성공한 사례입니다.[81]

이처럼 언어적 상징인 '경병'과 화면이 안정적인 것을 보여주는 사진과 같은 도상기호가 결합한 것이죠. 이것도 상징(언어)과 지시(도상기호)가 결합해 표현컨셉이 된 것입니다. 이 사례는 앞의 두 사례와는 달리 감성적 반응을 유도하여 심리적 저항을 줄이는 것이 목적이 아니라 비유 또는 상징을 사용하여 어려운 개념을 쉽게 이해시킨 경우에 해당합니다.

컨셉큐빅의 표현 축에서 지시와 암시(상징)는 서로 보완해야 한다
는 말로 바꾸어 말할 수 있습니다. 지시와 암시가 보완되는 것이
좋은 표현컨셉인 것이죠. 지시로는 브랜드의 속성이나 편익을 설
명하고, 상징으로는 심상을 불러일으켜 호감을 유도하는 것입니다.

끌리는 컨셉의 15번째 법칙은 좋은 표현컨셉을 만들기 위해서
는 "지시와 상징이 서로 보완하게 하라"입니다. 인식과 표현은 거
울과 같다고 했는데 지시와 상징이 보완된다면 소비자 인식에서
감성과 이성(이해)이 서로 보완되면서 호감이 구매로 연결될 것입
니다.

CONCEPT CAFE 15

표현의 상징과 묘사의 보완은
인식의 감성과 지성의 보완이다

컨셉카페 5에서 기호들은 세 종류(도상, 지표, 심벌)를 중첩하여 사용하게 된다고 하였죠. 중첩하여 사용하되 서로 보완되게 사용해야 합니다. 뒤에 나온 그림은 언어와 감각을 각각 지시와 암시로 구분하였습니다. 그리고 여기서 X로 교차하는 표시는 언어 상징과 감각적 지시(기호로는 도상) 또는 언어적 지시와 감각적 암시(기호로는 지표, 심벌)가 서로 보완되는 것입니다. 컨셉카페 3에서는 컨셉 (언어)과 감각이 서로 보완해야 함을 강조했습니다. 여기서는 더 나아가 표현에서 지시와 암시가 서로 보완되어야 합니다. 언어와 감각의 상생에 덧붙여 표현에서 지시와 암시의 상생을 고려해야 합니다.

LG디스플레이의 '경병' 사례는 바로 언어적 암시(상징)와 감각적 지시가 결합한 것입니다. 법칙 3에서는 컨셉표현이 지시인지

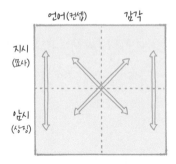

컨셉표현 사각형

언어(컨셉)   감각

지시
(묘사)

암시
(상징)

상징인지, 감각기호가 도상인지 지표인지 구분하지 않았습니다. 구분하여 설명하면 '100퍼센트 밀폐용기'라는 제품컨셉은 제품의 편익을 직접 설명한 지시적 언어 표현이고, 지폐를 집어넣고 잉크가 든 수조에 용기를 넣은 후 끄집어내 깨끗한 지폐를 보여준 것은 지표적 감각기호(따라서 암시)로 볼 수 있습니다. 그래서 락앤락 사례의 경우에도 언어적 지시와 감각적 암시(기호로는 지표)가 결합한 것으로 볼 수 있습니다. 퍼니스트로우 사례에서도 컨셉을 '초콜릿이 들어 있어 우유에 꽂아 먹는 빨대'라고 바꾸어 표현했다면 언어적 지시와 암시적 감각기호(소가 빨대를 들고 있는 겉포장 그림)가 서로 보완한 것이 됩니다. 이외에도 언어 지시와 감각 지시가 결합할 수 있죠.

위의 표에서 ↕는 언어와 감각이 보완되지 않는 경우에도 표현에서 지시와 상징이 서로 보완되도록 해야 합니다. 언어에서 지시와 암시(상징)가 보완되는 사례는 오설록 차의 경우입니다. 오설록 차는 브랜드컨셉을 맛과 멋으로 나누어 설명합니다. 맛에는 제품 컨셉을 객관적으로 묘사(지시)하고, 멋에는 감성적으로 표현한 브랜드를 상징화한 것입니다. 다른 예를 더 들어보겠습니다.

법칙 4에서 소개된 여성 생리대 브랜드명 '화이트'가 심상을 불러일으키는 상징적 표현이라면, 광고에 나오는 카피 '깨끗함이 달라요'는 제품의 편익을 설명한 지시적 표현이죠. 덴마크우유에 '소와 나무'라는 브랜드가 있습니다. '소'는 우유의 원료로 지시적 표현이라면 '나무'는 심상을 불러일으키는 상징적 표현입니다. 법칙 14의 IPTV에서 VOD 프로그램의 '어린이', '스포츠'를 '어린이 동산'과 '스포츠 광장'으로 표현한 것도 지시와 상징을 결합한 것입니다. '어린이'나 '스포츠'가 지시적 표현이라면 '동산'이나 '광장'은 심상을 불러일으키는 상징적 표현이 됩니다. 비록 언어만이지만 지시와 상징을 보완한 언어표현의 예들입니다.

마지막으로 브랜드 컨셉을 효과적으로 표현하기 위해 지시보다 암시(상징)가 더 좋은 경우도 있지만, 공적 규제 때문에 암시적 표현만을 사용해야 하는 경우도 있습니다. 화장품, 일반의약품, 식음료 등의 제품범주에서 공인기관의 품질인증을 제때 받지 못한 경우에는 암시적 품질단서(컨셉카페 5)와 같은 방법 등으로 암시하는 수밖에 없습니다.

법칙 16

숨어 있는
사회적 욕구를 헤아려라

가장 좋은 광고는
만족한 고객이다.

-필립 코틀러

1996년 출시된 햇반은 즉석밥 시장의 대표주자입니다. 이제 '스카치테이프'나 '포스트잇'처럼 브랜드명이 일반명사를 대신할 정도가 되었습니다. 햇반 성공 이후 후발업체들의 도전이 계속되고 있지만, 햇반은 꾸준히 1위 자리를 지키고 있습니다.

그런데 이 햇반도 시장에 출시된 이래 승승장구만 했던 건 아닙니다. 역시나 문제는 '컨셉'이었습니다.

햇반을 내놓는 엄마들의 죄책감

햇반 하면 어떤 생각이 드시나요? 힘들게 쌀을 씻고 불려서 밥을 지을 필요 없이, 간단하게 한 끼 밥을 해결할 수 있다는 '편리함'이

맨 먼저 떠오를 겁니다. 그래서 출시 당시의 컨셉도 '편리한 밥'이었습니다. 얼마나 간편하게 조리할 수 있는지, 얼마나 간편하게 한 끼 밥을 만들 수 있는지를 강조한 컨셉이었죠. 하지만 소비자 반응은 기대에 미치지 못했습니다. 제품의 최고 강점을 전면에 내세운, 잘 만들어진 컨셉처럼 보이는데 무엇이 문제였던 걸까요?

소비자를 대상으로 조사해봤더니 문제점을 찾을 수 있었습니다. '편리한 밥'이라는 컨셉이 직장을 다니는 주부들의 죄책감을 자극했던 겁니다. 너무 간편한 햇반을 남편과 아이들에게 내놓는다는 게, 아내이자 엄마로서 집안 살림을 소홀히 하는 것처럼 느껴진 것입니다.

"미안해하지 마세요"

그래서 햇반은 결국 '편리한 밥'이 아니라 '맛있는 밥'으로 광고 컨셉을 변경합니다. '집에서 엄마가 해준 것처럼 맛있는 밥'이라고 강조해, 주부들이 햇반을 내놓는 데 대해 더 이상 미안해하지 않도록 만든 것입니다. "미안해하지 않아도 될 만큼 햇반은 잘 만들었습니다"가 새로운 광고 카피였습니다.

이렇게 컨셉을 바꾼 결과는 어땠을까요? 여러분이 아시는 대로 폭발적이었습니다. 2012년에는 1996년 출시 이후 처음으로 연매출 1,000억 원을 돌파했고, 그해 판매된 햇반은 8,753만여 개로 출시 첫해 생산된 수량(약 470만 개)의 약 20배나 되었습니다.

"인간은 남과 동감하려는 본성을 갖고 태어났으며 그래서 인간은 타인의 칭찬을 열망하고 비난을 두려워한다." 애덤 스미스가 《도덕감정론》에서 한 말입니다. 어떤 제품을 사용하는 것을 지켜보는 사람으로부터 비난을 받거나, 또는 칭찬을 받지 못하면 제품의 가치가 떨어지게 된다는 얘긴데요.

햇반 컨셉의 시행착오 과정 역시 애덤 스미스의 동감이론과 밀접한 관련이 있습니다. '편리한 밥'이라는 컨셉이 제품을 사용하며 타인으로부터 받게 될 비난을 생각하지 못한 컨셉이었던 반면, '집에서 엄마가 해준 것처럼 맛있는 밥'이라는 컨셉은 비난을 두려워하는 마음까지 세심하게 살펴낸 컨셉이었죠.

슈퍼에서 화장품을 사기엔 체면이 좀…

이렇게 감추고 싶은 욕구를 덮어주는 컨셉도 있지만, 반대로 드러내고 싶은 욕구를 더욱 부각시키는 컨셉도 있습니다. 화장품 마케팅이 대표적입니다. 화장품은 그야말로 남들에게 예뻐 보이기 위해 구매하는 제품이기 때문입니다.

그런데 지금부터 소개해드릴 화장품 브랜드는 '화장품 컨셉은 과시형'이라는 기존의 상식에 과감히 도전장을 던지며 제품을 출시했습니다. '과시형이 아닌 실속형 소비자를 위한 화장품'을 표방한 CJ제일제당의 '식물나라' 얘기입니다. CJ는 전통적인 화장품 유통 경로인 백화점이나 화장품 전문점이 아닌, 자사에서 이미 구축해놓은 '슈퍼마켓'을 유통 경로로 정해놓고 컨셉을 개발했습니다.

당시 국내 화장품 시장에서 백화점과 전문점은 과포화 상태였지만, 슈퍼 경로의 제품은 없습니다. 그래서 출시 직후 광고 역시 '깨끗하고 순한 저자극 식물성 화장품'처럼 제품 편익을 강조하는 방향으로 표현컨셉을 잡았습니다. 광고의 엔딩 부분에 "슈퍼에서 찾으세요"라는 말을 삽입해 '실속형 소비자를 위한 슈퍼용 화장품'임을 어필했습니다.

결과는 어땠을까요? 출시 직후 6개월간의 성적표를 보면, 매출은 예상보다 부진했습니다. '슈퍼에서 화장품을 사면 남들이 나를 어떻게 생각할까?' 타인의 시선을 의식하는 소비자들의 욕구를 미처 살피지 못한 결과, 광고 컨셉의 변화가 불가피해졌습니다. 컨셉 변경 시 가장 우선적으로 고려되었던 사항은, 바로 '화장품을 슈퍼에서 사도 체면이 손상이 되지 않는다'는 이유를 제시하는 것이었습니다. 그리고 이런 고민 끝에 '피부 필수품 식물나라'라는 표현컨셉이 탄생했습니다.

새로 만든 광고 속 모델은 "남자들은 화장품이 사치품인 줄 알아요, 피부 필수품인데. 저는 슈퍼에서 괜찮은 화장품을 발견했어요"라며, 화장품을 슈퍼에서 사야 하는 이유를 제시합니다. 화장품은 과시를 위한 사치품이 아니라, 여성의 피부를 위한 생활필수품이라는 점을 부각시킨 겁니다. 슈퍼에서 생활필수품을 사듯, 피부필수품은 슈퍼에서 사라는 얘기였지요. 실속형 소비자들 역시 남들의 이목을 의식한다는 사실을 세심히 살핀 덕분에 식물나라는 초년 매출 470억 원이라는 공전의 히트를 기록할 수 있었습니다.

'도브 리얼 뷰티 캠페인'의 역설

애덤 스미스는 이렇게 말했습니다. 사회를 떠나서 홀로 산다면 우리는 자신의 아름다움에 대해 전혀 무관심할 것이라고요. 그래서 미에 대한 욕구는 전적으로 사회적이고 이는 동감 본능에 기인하는 것으로 이야기되고 있습니다.[82] 세 번째 소개해드릴 사례는 아무리 있는 그대로의 아름다움을 추구하더라도 화장품 컨셉 개발은 타인의 인정(동감)을 얻으려는 감추어진 욕구를 살펴야 한다는 점을 확인시켜줍니다.

유니레버의 도브 브랜드의 '리얼 뷰티 캠페인'이 이를 확인시켜주고 있습니다. 유니레버가 2004년 여성 중에 2퍼센트만이 자신이 아름답다고 생각한다는 소비자 조사를 보고 나서 이 캠페인을 시작했습니다. 캠페인의 컨셉은 '진정한 아름다움을 일깨워 아름다움이 근심이 아니고 자신감'이라는 것을 불러일으키는 것이었습니다. 이 캠페인은 광고나 비디오, 워크숍, 이벤트 등을 통해 컨셉을 일관성 있게 유지하면서 많은 화제를 불러일으켰고 도브 브랜드의 이미지를 높이고 매출 상승에 크게 기여했습니다.[83]

이 중에서도 유튜브 동영상으로 2007년 칸 광고제 그랑프리 수상작 '진화'와 2013년 칸 광고제 금상을 수상한 '리얼 뷰티 스케치'는 엄청난 반향을 불러일으켰습니다. '진화'에서는 평범하게 생긴 여자가 화장을 통해서 변신하고 또 이를 컴퓨터 포토샵으로 처리하면서 프로페셔널한 모델로 변신합니다. 그리고 마지막에는 "아름다움에 대한 우리 관념이 왜곡된 것은 이상한 일이 아니다"라는 문장으로 끝납니다.

'리얼 뷰티 스케치'에서는 경찰서에서 일하는 몽타주 전문가로 하여금 실험 대상자의 얼굴을 보지 않고 설명에 의존해 두 가지 그림을 그리게 했습니다. 첫 번째 그림은 실험 대상자 본인의 그림입니다. 두 번째 그림은 실험 대상자가 만난 다른 사람을 묘사한 것에 의존해서 그린 것이죠.

어느 그림이 더 아름다웠을까요? 놀랍게도 자신이 생각했던 나의 모습보다는 다른 사람들이 바라보는 나의 모습이 더욱 아름답게 그려졌습니다. 그래서 "당신은 자신이 생각한 것보다 더 아름답습니다"라는 문장으로 끝납니다.

여성이 갖는 본연의 아름다움을 일깨워 자존감을 높이려는 목적의 이 캠페인은 역설적으로 진정한 아름다움이 타인의 인정에서 온다는 애덤 스미스의 말을 확인시켜주고 있습니다.

> "자신이 아름답다고 느끼는 것은 자신의 모습을 보고서가 아니라 타인의 모습을 보고 난 이후다. 우리는 다른 사람들도 우리에 대한 동일한 평가를 하게 된다는 것을 알게 된다. 다른 사람들이 우리의 외모를 시인하면 우리는 기뻐하고 혐오하면 분개한다. … 그들의 시인은 필연적으로 자기시인을 확인시켜준다."
>
> —《도덕감정론》, 애덤 스미스[84]

'진화'에서 자신감은 자신의 본래 모습이 아닌 아름다운 모델로 변신한 모습을 보고 갖게 되는 것이죠. '리얼 뷰티 스케치'에서도 실험 대상자는 타인이 자신의 모습을 아름답게 묘사한 것에 감동합니다. 자신이 바라본 나보다 남이 바라본 내가 더 아름다울 때 우리의 감동은 배가되는 것이죠. 본연의 아름다움을 강조하여 자존감을 높이려는 이 캠페인조차 역설적으로 아름다움에 관해서는 자존심은 결국 타존감에서 온다는 불편한 진실을 말해주고 있습니다. 자신의 아름다움에 대한 판단은 결국 자신의 확신이 아닌 타인의 인정(동감)에서 온다는 사실을 말해주고 있습니다.

나가면서

소비자가 제품을 사용하면서 자신이 갖고 있던 고충이나 고통을 줄이려고 하거나, 즐거움을 강화하고 싶어 하는 것은 두말할 여지가 없습니다. 하지만 컨셉은 이런 소비자의 직접적인 욕구, 일차적인 욕구를 충족시키는 것 이상의 경지에 올라서야 합니다. 소비자의 감춰진 '사회적 욕구, 진짜 욕망'까지 세심하게 살펴야 한다는 이야기입니다.

소비자는 제품을 사용하는 자신을 타인이 지켜보고 있다는 사실을 잘 알고 있습니다. 그래서 소비자는 은근히 자신을 드러내고 싶어 하거나 또는 자신을 감추고 싶은 욕구를 갖게 되죠. 자신의 아름다움과 관련해서는 아무리 꾸미지 않는 본연의 아름다움을 강조해도 타인의 시인을 얻고자 하는 욕구와 상충되어서는 안 됩니다. 이렇게 제품을 사용하는 자신을 지켜보는 타인에게 칭찬을 구하고 비난을 피하려는 욕구, 이것이 바로 소비자의 사회적 욕구이고, 그래서 끌리는 컨셉의 법칙 16번째는 '감추고 싶은 또는 과시하고 싶은 사회적 욕구도 헤아려라'입니다.

사회적 욕구는
동감 본능에서 유래한다

컨셉카페 0에서 구매 동기와 구매 행동을 매개하는 것은 소비자 인식이라고 했습니다. 그리고 이런 구매 동기의 근저에는 소비자 욕구가 자리하고 있습니다. 특정 시점과 장소에서 소비자 욕구가 브랜드와 관련하여 갖게 되는 것이 구매 동기입니다. 그래서 욕구가 일반적인 것이라면 구매 동기는 구매상황에서 구체적으로 표출됩니다.

욕구도 양면성이 있습니다. 하나는 자기 개인에 관련된 욕구이고 다른 하나는 타인과 관련된 욕구입니다. 개인적 욕구 중에는 고통을 회피하거나 고충을 줄이기 위한 것이 있고, 적극적으로 쾌락을 추구하고 즐거움을 강화하기 위한 것이 있습니다.

전자의 제품 범주의 예로는 진통제, 피임약 등이 있고, 후자의 제품 범주의 예로는 식품, 보석 등이 있습니다. 전자의 욕구는 구매상황에서 기능적 동기, 후자의 욕구는 감성적 동기로 구체화됩니다. 같은 제품이 두 가지 구매 동기를 제공하기도 해서 어떤 경우에는 경계가 모호한 경우가 많습니다. 예컨대 식품은 허기를 채우지만 동시에 여러 가지 즐거움을 제공합니다.

개인적 욕구와 짝을 이루는 욕구가 타인과 관련된 사회적 욕구입니다. 인간의 사회적 욕구는 인간의 동감 본능에서 유래합니다. 애덤 스미스도 《도덕감정론》에서 인간의 동감을 주제로 다루고 있습니다. 누군가가 타인의 팔 또는 다리에 칼을 겨누고 막 찌르려 하는 것을 보았을 때, 우리는 저절로 우리의 팔 또는 다리를 움츠리고 끌어당기게 됩니다. 또 느슨한 밧줄 위에서 춤을 추고 있는 사람을 보면서 사람들은 자신도 모르게 몸을 비틀어 꼬면서 몸의 균형을 잡게 됩니다.[85] 이는 동감 능력 때문이죠.

애덤 스미스기 《도덕감정론》을 쓴 250년 후, 뇌과학자들이 우리 뇌에는 다른 사람의 몸짓을 보거나 말을 듣고 그 사람과 같은 느낌을 받게 하는, 이른바 '거울 뉴런'이 있다는 사실을 밝혀냈습니다. 뉴런은 신경세포를 말합니다. 거울 뉴런이 인간의 동감 본능을 관장하는 것이죠. 동감 현상으로 인해 제품의 소비는 단지 개인적 욕구를 충족시키는 것에 그치지 않고 타인과 동감하거나 타인으로부터 동감을 이끌어내는 매개물로 작용하기도 합니다. 그리고 브랜드는 자신의 정체성을 나타내는 상징이기도 합니다. 구매상황에서 브랜드가 소비자의 이런 욕구를 자극하는 것이 사회적 동기입니다.

사회적 욕구도 개인적 욕구처럼 둘로 구분할 수 있습니다. 바로 남과 함께하고 싶은 욕구입니다. 남과 함께 있고 싶은 욕구를 애덤 스미스는 '상호 동감'이라고 했습니다. 그는 그의 책에서 이렇게 말합니다.

"우리가 한 권의 책이나 한 수의 시를 여러 번 되풀이해서 읽었기 때문에 이제 혼자 다시 읽는 것으로는 아무런 기쁨도 느낄 수 없는 경우에도, 우리는 그것을 친구에게 읽어줌으로써 기쁨을 느낄 수 있다."[86]

감각적 욕구를 충족시키는 경우에는 친근한 사람과의 소비로 동감을 자극해 즐거움을 고조시킵니다. 예를 들면 혼자 술을 마실 때보다 친구와 술을 마실 때가 더욱 즐겁습니다. 왜냐하면 술을 마시면 나도 즐겁지만 친구도 나처럼 즐거울 것이라고 내가 느끼기 때문이죠.

또 남에게 칭찬을 받고 싶은 욕구가 있는 반면에 타인의 비난을 피하고자 하는 욕구가 있습니다. 타인의 비난을 피하거나 타인의 칭찬을 얻기 위한 것이죠. 전자의 경우에는 자신을 둘러싼 사회에서 구성원의 자격을 얻거나 주장하려는 욕구입니다. 이를 위해 브랜드를 구매하면 이를 '지위 소비'라고 합니다. 그리고 타인의 칭찬을 얻기 위해 브랜드를 구매하는 것을 사회학자 소스타인 베블런은 '과시적 소비'라고 하였습니다.

	회피 (경감)	추구 (강화)
개인적 욕구	고통 (고충)	쾌락 (즐거움)
사회적 욕구	– 비난 (체면 손상): 지위 소비	상호 동감 칭찬 (인정): 과시 소비

애덤 스미스는 《도덕감정론》에서 인간이 부를 축적하는 이유는 타인의 인정을 받기 위한 과시적 소비에 있음을 암시합니다.

"부유한 사람이 그의 부유함을 과시하는 것은 그 부유함이 세간의 이목을 끈다는 것, 그리고 부유함이 그에게 제공한 모든 유쾌한 감정에 인간들이 쉽게 동감하기 마련이라는 것을 알기 때문이다. 이러한 생각을 하면 그는 가슴이 벅차오르고 자랑스러움을 느낀다. 그리고 그는 부유함이 가져다주는 다른 어떤 이익보다도 바로 이 이유 때문에 부자가 되기를 원하는 것이다." [87]

체면 유지나 과시를 위한 사회적 동기는 소비자 조사를 해도 찾아내기 힘듭니다. 왜냐하면 소비자는 정직하게 대답해주지 않기 때문이죠. 《관찰의 힘》이라는 책에서 두 명의 저자는 재미 있는 사례를 말합니다. 2005년 노키아는 인도와 같은 미개발국의 문맹 소비자들이 자사의 휴대폰을 사는 것을 발견했습니다. 이들을 위한 제품 개발을 위한 연구를 저자에게 의뢰했습니다. 연구 결과, '글을 읽지 못하는 소비자를 위한 별도의 휴대폰'을 개발해야 하는가에 대한 물음에 '아니다'라는 결론에 이르게 됩니다. 문맹인 소비자의 욕구를 충족시키기 위해 그들에게 최적화된 제품을 개발하는 것보다는 기존의 UI를 살짝 바꾸어서 이미 출시된 휴대폰 모델로 파는 것이 좋다는 결론을 내리게 됩니다. 사회적 약자를 위해 디자인된 제품을 출시하면 그에 따른 낙인 때문에 아무리 편리한 휴대폰이 나와도 소비자들은 구입을 꺼리게 됩니다.[88] 사회적 체면 때문에 아무리 편리해도 안 살 것이란 말이죠. 왜 안 사냐고 물으면 이유는 감추고 제품 탓만 하게 마련입니다.

브랜드컨셉은 소비자의 어떤 욕구를 충족시킬 것인지 고려해야 합니다. 사야 할 이유를 제공하는 것입니다. 여기에는 기능적 동기, 감각적 동기, 사회적 동기가 있습니다. 그 브랜드가 속한 제품 범주가 주로 제공하는 동기와 개별 브랜드가 제공하는 동기는 같을 필요는 없습니다. 식품은 즐거움을 얻기 위한 감성적 동기를 자극하기 위해 브랜드컨셉을 개발하지만, 햇반처럼 조리시간을 단축하는(고충을 줄이는) 기능적 동기를 잡아서 컨셉을 개발할 수도 있습니다. 그리고 브랜드컨셉이 기능적 동기나 감성적 동기를 성공적으로 제공해도 숨어 있는 사회적 동기를 고려하지 못하면 소비자들의 외면을 받을 수 있다는 점을 이해해야 합니다.

법칙 17

모든 법칙들을 무시하고
자신의 법칙을 만들라

전쟁에는 고정된 형세가 없다.

-《손자병법》

마지막 법칙은 "자신의 법칙을 만들라"입니다. 이제까지 법칙을 잘 이해하려고 열심히 책을 읽었는데 무슨 맥 빠지는 소리인가요. 《금강경》에는 "내가 말한 모든 법法은 곧 모든 법이 아니다. 그래서 모든 법이라 이름한다所言一切法者 即非一切法 是故名一切法"라는 구절이 있습니다. 여기서 법이란 부처님이 깨달은 진리를 말합니다.

　마지막 법칙을 《금강경》의 표현을 빌려 표현하면 이것입니다. "모든 법칙을 법칙이라고 하지 않음으로써 이름하여 법칙이 된다." 이는 법칙들과 이를 부정하는 법칙들이 이 책의 법칙을 완전하게 한다는 의미로 받아들이시길 바랍니다. 자신의 법칙이란 기존의 통념을 깨는 역발상의 법칙을 의미합니다.

왜 '배수의 진'으로 승리했을까

배수의 진을 들어보셨습니까? 유방을 도운 한신이 2만 병사로 20만의 초나라 대군을 무찌른 정형井形전투에서 사용한 전략입니다. 《사기》에 등장하는 정형전투에서 한신이 승리하면서 유방과 항우가 자웅을 겨루던 초한전의 승기는 유방에게로 기울게 됩니다. 한신은 정형전투에서 병법의 원칙을 무시하고 강을 등지고 진지를 구축하는 배수의 진을 칩니다.

고대로부터 어느 병법서를 막론하고 전쟁의 기본 상식은 전장에서 배수의 진을 치지 않는 것이죠. 초나라 군사들은 배수진을 비웃으며 성문을 열고 나와 압도적인 수의 우세로 공격을 했지만 사력을 다한 한신의 군대를 섬멸할 수 없었습니다. 이때 매복했던 기병이 성을 점령하자 초나라 군대의 대오가 흩어집니다. 열 배에 달하는 초나라 군사들을 물리치고 한신은 대승을 거둡니다.

승리를 축하하는 자리에서 장수들이 한신에게 왜 병법을 무시하고 배수의 진을 쳤냐고 물었습니다. 한신은 "나의 군사들은 갑자기 징발하여 모은 오합지졸들이라 사지로 몰아넣어야만 죽기로 싸운다. 병사들을 생지生地에 포진케 하고 싸웠다면 모두 초군의 병사들에게 겁을 먹고 패주하고 말았을 것이다"고 대답합니다.[89]

이후로 배수진은 병법의 최상 지위로 위치 이동을 하였고 배수진으로 자신만의 법칙을 만들었던 한신은 후대에 '전략의 신'으로 추앙받습니다. 정형전투 이후로도 배수의 진은 동아시아 전쟁사에 자주 등장합니다. 어떤 전쟁에서는 배수의 진이 승리를 가져다 줬지만 때로는 패배를 안기기도 합니다. 우리나라 역사에서도 임진왜란 때 신립 장군이 북상하는 왜군을 맞이하여 탄금대에서 배수의 진을 치고 싸웠지만 패배합니다.

한 번 거둔 승리는 반복되지 않는다

《손자병법》에 '병무상세兵無常勢'라는 말이 나옵니다. 전쟁에는 고정된 형세가 없다는 이야기입니다. 여기에 덧붙이면 병무상칙兵無常則입니다. 전쟁에는 고정된 법칙이 없다는 것입니다. 즉 상칙常則은 없습니다. 그래서 한신과 같은 자신의 법칙을 만들어야 합니다. 마케팅에서도 기존 법칙을 무시하고 자신의 법칙을 만들어야 합니다.

일본에 자기만의 장사 법칙을 만든 사람이 있었습니다. 우노 다카시는 만드는 가게마다 아이디어로 성공시켜 일본 요식업계에서 '이자카야의 전설'로 불립니다. 자신의 가게에서 길러낸 선술집 사장만도 200명 이상이 되며 그들이 다시 길러낸 사장들을 합치면 아들, 손자만으로도 몇백 명 됩니다. 그 모든 이들이 그를 '아버지'라 부릅니다. 그는 자신의 경험을 《장사의 신》이란 제목의 책으로

냈습니다. 이 책에서 그는 '인적이 드문 곳에 가게를 열어라'고 주장합니다. 보통 마케팅 책에서 소매점은 유동인구가 많은 곳, 쉽게 이야기하면 '목이 좋은 곳'에서 시작하라고 했는데 목이 안 좋은 곳에서 장사를 시작하라고 합니다.

가게의 성공 여부는 얼마나 인적이 많은 곳에 위치해 지나가던 손님이 들어올 수 있는가가 아니라 얼마나 재미있는 아이디어와 손님에 대한 서비스에 달려 있다는 것입니다. 인적이 드문 곳에 가게를 내야 위기감에서 아이디어가 더 나오고, 어렵게 자신의 가게를 찾아와준 손님의 소중함을 알게 되어 더 나은 서비스를 할 수 있다는 것이지요.

예를 들면, 미국 신발 사이즈 US10(약 28센티미터)만큼 크다는 'US10 돈가스' 메뉴를 개발해 가게가 손님들의 기억에 오랫동안 남을 수 있도록 했습니다.[90] 한 술집은 출입문을 아래쪽 반만 열어놓게 했습니다. 그래서 손님들은 이 술집에 들어오려면 무릎을 굽히고 고개를 숙여야 합니다. 출입문을 이렇게 만든 이유는 우리 술집에 들어오는 손님들은 모두 평등하기 때문에 무릎을 굽히고 고개를 숙여 들어와야 한다는 것입니다. 불편하게 느낄 수 있었던 출입문은 평등(정신적 의미)의 상징물이 되었고 그래서 젊은이들이 즐겨 찾는 술집이 되었습니다.[91] 이렇게 우노 다카시는 통념을 깨는 자신의 법칙을 만들어 한신이 '전략의 신'이 된 것처럼 '장사의 신'이 되었습니다.

통념을 깬 성공의 비밀

미국의 마케팅 전문가 알 리스가 쓴《마케팅 불변의 법칙》은 마케팅 실무자들 사이에서 많이 읽히는 책입니다.《마케팅 불변의 법칙》에서 첫 번째 법칙은 시장에 제일 먼저 진출하라는 것입니다. 선두주자가 시장 지배자가 된다는 것입니다. 그러나 이 법칙에 반해 후발주자로 출발해서도 선두주자를 추월해 시장 지배자가 된 많은 마케팅 사례들이 존재합니다. 심지어는《1등 기업을 무너뜨린 마케팅 전략》과 같이 후발주자가 성공한 사례들만 모은 책들도 존재합니다.[92]

이런 책을 거론하지 않아도 우리 주위에 잘 알려진 기업들을 생각해보면 금방 알 수 있습니다. 할인점 업계에서 세계적인 기업으로 성장한 월마트는 선두주자인 K마트를 추월하여 시장 지배자가 되었습니다. 브랜드 가치가 세계 1위인 구글은 선두주자 야후를 추월하여 검색엔진의 최강자가 되었습니다.

이들은 업계의 통념을 깨고 그 업계에서 자신의 법칙을 만들어 냈습니다. 월마트는 할인점을 운영하려면 최소 10만 명의 인구 기반이 필요하다는 업계의 통념을 깼습니다. 그보다 인구가 훨씬 적은 소도시에서도 할인점을 개업하여 성공시키고 대도시 중심으로 할인점을 운영하던 K마트를 추월할 수 있었습니다. 경영전략의 대가 리처드 루멜트 UCLA 교수는 월마트가 성공할 수 있었던 원인을 이렇게 분석했습니다. 할인점 매장에서 네트워크로 컨셉을 바꾸어 물류를 비롯한 관리시스템을 통합하였기 때문이라는 겁니다. 전체 네트워크가 유기적으로 통합되었기에 소도시에서도 성공할 수 있었다는 것이죠.[93]

레드오션에서도 새로운 시장은 태어난다

1998년, 세르게이 브린과 래리 페이지라는 두 명의 스탠퍼드대 학생이 검색엔진을 연구하고 있었습니다. 그러나 이미 검색엔진 시장은 포화 상태였습니다. 시장에선 이미 야후, 알타비스타, 익사이트 등이 치열하게 경쟁 중이었습니다. 그러나 그들은 다른 사이트에서 인용되는 빈도가 높을수록 그 사이트에 높은 점수를 주는 방법으로 우수한 검색엔진을 만들었습니다. 그들은 알타비스타나 익사이트에 이 검색 기술을 팔려고 했지만 거절당하자 구글을 창업하여 시장에 직접 뛰어들기로 결심합니다.

당시 야후를 비롯한 선두업체들은 검색엔진시장이 포화되자 서비스를 TV나 신문을 대체하는 새로운 인터넷 미디어로 컨셉을 확장하고 있었습니다. 구글은 역으로 검색에만 집중하는 컨셉으로 승부를 보기로 하였습니다. 초기 페이지에 눈에 거슬리는 배너 광고를 없앴습니다. 그리고 돈을 받은 대가로 특정 검색 결과를 상위에 보여주지도 않는, 일관되게 고객만을 생각하기로 했습니다. 이를 구현하기 위해 가로 10센티미터, 세로 1센티미터 남짓한 검색창만으로 웹사이트를 단순화하였습니다.

탁월한 검색 기술과 고객만 생각하는 역발상으로 창업한 지 불과 3년 만에 드디어 구글은 최대 경쟁사인 야후를 누르고 가장 많은 사람이 이용하는 검색엔진이 됩니다. 구글이 성공을 거두자 야후나 라이코스 같은 추월당한 경쟁자들이 뒤따라 검색엔진을 개선하기 위한 연구를 하고 웹사이트를 단순화하려고 노력하는 등 구글을 모방하게 됩니다.[94]

《손자병법》에는 '병무상세'라는 말도 있는가 하면 '전승불복戰勝不復'이라는 말도 있습니다. 한 번 거둔 승리는 반복되지 않는다는 의미입니다. 과거에 일어났던 승리가 똑같이 반복되려면 여러 조건들이 똑같이 결합해야 합니다.

과거의 성공도 되풀이되기 어렵습니다. 경쟁자도 바뀌고 소비자도 변하며 자사 내부 역량도 달라질 것입니다. 같은 컨셉으로 출시해도 출시하는 주체와 경쟁자에 따라 성패가 달라집니다. 그래서 불변의 법칙은 없습니다. 오로지 소비자에게 사야 할 이유를 얼마나 잘 제시해 그들을 만족시킬 수 있는지에 달려 있고, 그런 목표에 따른 여러 가지 수단들이 존재할 뿐입니다. 그래서 법칙들을 무시하는 것이 사야 할 이유를 더 잘 제시할 수 있을 때, 그래서 고객을 만족시킬 수 있을 때 기존의 법칙을 파괴하고 자신의 법칙으로 컨셉을 만드시길 바랍니다.

어떠신가요? 소비자를 사로잡기 위한 16가지 법칙과 마지막 법칙들이 하나둘 머릿속에 떠오르시나요? 혹시 가물가물하면. 그동안 소개해드린 16가지 법칙들과 '자신의 법칙을 만들라'는 법칙을 되새김질하길 바랍니다.

　여러분이 만든 컨셉은 성공의 조건들을 얼마나 잘 갖추고 있는지요? 그리고 기존의 통념을 깨고 사야 할 이유를 제시하여 소비자를 끌 수 있는 법칙인지요? 이 질문에 대해 답을 하실 수 있다면 여러분이 만든 법칙이 '끌리는 컨셉'인 것입니다. 여러분 열심히 복습하시다 보면 어느새 자신도 모르게 '근사한 컨셉 크리에이터'로 변신해 있을 거라고 감히 장담을 드려봅니다.

CONCEPT CAFE 17

1등은 없다, 추월당하지 않은 선두만 있을 뿐

앞에 인용한 부처님 말씀에서 법法이란 부처님이 깨달은 진리로, 구체적으로 연기緣起를 말합니다. 연기란, 모든 현상은 여러 조건들이 서로 의존하면서 만들어지고 이 조건들이 없어지면 현상도 변한다는 의미입니다. 인생사도 고정된 형세가 없는 무상無常인 것입니다.

연기를 인생사에 적용시키면 인생무상人生無常이고, 전쟁에 적용시키면 병무상세兵無常勢입니다. 경영에 적용시키면 상무상칙商無常則, 즉 '장사나 마케팅에 불변의 법칙은 없다'가 됩니다. 장사나 마케팅에서의 성공은 여러 조건들이 결합되어 생성된 것이고 이런 조건들이 사라지면 성공도 실패로 바뀔 수 있다는 것을 명심해야 합니다. 영원한 선두주자는 없습니다. 단지 '아직 추월되지 않은' 선두주자만 존재할 뿐입니다.

연기의 관점에서 《마케팅 불변의 법칙》에 나오는 선두주자의 법칙을 살펴보지요. 시장에 먼저 들어가야 하는 것은 여러 성공의 조건 중 하나입니다. 시장에 먼저 들어갔는데 소비자의 니즈에 맞지 않았다면 시장에서 성공할 수가 없습니다. 시장에 먼저 들어갔는데 소비자 니즈에 부합하지 않아 실패한 많은 브랜드들이 존재합니다.

법칙 2에서 설명한 것처럼 차별화했다고 시장에서 무조건 성공하지 않듯이 먼저 진입했다고 무조건 시장 지배자가 되지는 않습니다. 즉, 차별화가 필요성이라는 다른 조건과 결합할 때 성공할 수 있듯이 시장에 먼저 진입했다고 해서 시장 지배자가 되리라는 보장은 없습니다. 다른 조건으로 고객의 필요성만 있는 것은 아닙니다. 앞에서 언급한 유형성과 컨셉의 표현력도 갖추어야 합니다. 이것으로도 끝이 아닙니다. 영업력 등 성공의 조건들은 이것 말고도 많은 요인들이 존재합니다. 그래서 시장에 먼저 진입하면 시장 지배자가 된다는 것은 많은 조건들 중 하나에 불과합니다. 이를 불변의 법칙으로 부를 수 없습니다. 하나의 조건이라고 부르는 편이 더 맞지요.

사실 선두우위의 법칙은 다소 과장된 점이 있습니다. 선두의 이점을 입증한 연구 결과들을 보면 선두주자로 진입하여 시장에서 오랫동안 생존한 선두 브랜드를 중심으로 연구가 이루어졌습니다. 시장에 먼저 진입하였지만 시장에서 실패한 브랜드들은 포함되어 있지 않기에 성공한 브랜드만 남아 있게 됩니다. 이 때문에 시장에 먼저 진입한 브랜드들이 시장 지배자가 되는 것처럼 보이는 착시현상이 생깁니다. 시장에 먼저 진입하였지만 소비자 니즈에 맞지 않거나 이런저런 이유로 시장에서 실패한 제품들은 모두 빠져 있다는 사실을 알아야 합니다. 왜냐하면 이들 브랜드는 대개 시장에 오랫동안 있지 않고 소리 없이 사라져 기록에 잘 잡히지 않기 때문이죠.

《마켓 리더의 조건》의 저자 피터 골드와 제러드 텔리스는 실제로 생존에 성공한 선두 브랜드와 생존에 실패한 선두 브랜드를 모두 포함하여 선두우위 효과를 연구했습니다. 실제 생존한 선두주자만으로 집계한 평균 시장점유율은 19퍼센트이지만 여기에 생존하지 못한 선두주자의 점유율까지 포함하면 10퍼센트로 낮아진다는 결과를 발표했습니다.[95] 법칙 2에서 차별화만이 능사가 아니라고 했을 때도 착시현상으로 인해 차별화만이 성공요인처럼 보입니다. 차별화했지만 다른 요인들에 의해 시장에서 실패해 철수한 브랜드들은 안 보이기 때문에 차별화만이 성공요인으로 부각되어 보이는 착시현상인 것이죠.

다르게 싸워야 이긴다

이렇게 자신이 어떻게 대처하느냐의 요인도 있지만 또 다른 요인도 있습니다. 바로 내가 시장에 진입할 때 경쟁자가 어떻게 반응하느냐입니다. 많은 경우 시장에 들어가면 경쟁자는 가만히 있을 것으로 가정합니다. 경쟁자의 반응을 고려하는 경우에도 경쟁자들 간에 역량이 대등하다고 가정하거나 또는 경쟁자보다 역량이 크다고 가정합니다. 이런 가정에 기초하면 강자의 입장에서만 법칙들을 이야기하게 되죠. 그래서 약자에게 이런 법칙은 오히려 해가 됩니다.

약자의 입장에서 마케팅이나 장사에 대한 이야기가 나왔으니 이와 유사한 약소국이나 강대국의 전쟁 이야기를 해볼까요? 말콤 글래드웰의 저서 《다윗과 골리앗》에는 보스턴 대학의 정치학자 이반 아레귄 토프트가 1800년부터 1998년까지 200년 동안 일어났던 전쟁에서 어떻게 약소국이 강대국을 이길 수 있었는지 분석한 이야기가 소개됩니다. 약소국이 강대국과 맞붙어 싸우는 경우 승률은 29.2퍼센트가 됩니다. 3:7로 약소국이 불리하다는 이야기입니다. 그런데 저자는 이를 더 세부적으로 분석하여 다윗과 골리앗의 싸움에서처럼 약소국이 강대국과 같은 방식으로 싸우지 않고 게릴라 전법처럼 자신이 유리한 방식으로 싸운 경우와 그렇지 않은 경우로 자료를 분류하여 다시 승률을 계산했습니다.

약소국이 강대국과 같은 방식으로 싸우는 경우 약소국의 승률은 24퍼센트로 더 떨어졌습니다. 그런데 강대국과 다른 방식으로 자신에게 유리한 전략으로 싸우는 경우에는 승률이 63.6퍼센트로 올라갔습니다.[96] 그렇습니다. 자신의 강점으로 강대국을 상대할 때 약소국이라도 강대국을 이기는 경우가 더 많았습니다.

그런데 놀라운 사실이 있습니다. 필자가 해당 논문을 찾아 이 논문에 수록된 자료로 약소국이 강대국과 맞서는 경우 자신에게 유리한 방식으로 싸우는 경우가 얼마나 되는지 집계해보았습니다. 놀라지 마십시오. 12.9퍼센트에 지나지 않았습니다.

이것은 장사나 마케팅에서도 마찬가지일 것입니다. 후발주자나 약자의 경우 자신의 강점으로 상대의 약점을 공략해야 합니다. 그러나 대부분은 통념에만 의존해 마케팅을 합니다. 통념은 대체로 강자에게 유리합니다. 그래서 선두주자를 모방하게 되고 오히려 선두주자를 도와주게 되는 것입니다. 배수진의 한신, 불리한 입지를 아이디어와 서비스로 승부한 우노 다카시, 소도시를 공략한 월마트, 검색에 집중한 구글은 다윗처럼 통념에 굴복하지 않고 자신의 강점으로 골리앗을 무찌른 것입니다.

이제까지 소개된 법칙은 어떤 조건 하에서만 맞을 뿐입니다. 법칙이라 한 것은 하나의 방편임을 이해하시기 바랍니다. 만약에 개별 법칙을 설명하면서 모든 조건을 다 언급한다면 너무도 복잡해서 이해하기 어려우니 단순화한 것으로 이해하시면 됩니다. 하나의 법칙은 다른 법칙들을 조건으로 하여 법칙이 될 수 있는 것이죠.

《금강경》은 특유의 논리적 표현을 사용하고 있습니다. "A는 A가 아니어서 A라 이름할 수 있다(A 卽非 A, 是名 A)." 이런 표현은 아리스토텔레스의 근간을 이루는 모순율에 위배됩니다. 아리스토텔레스의 논리학에서 A이면서 동시에 A가 아닌 것은 모순이 됩니다. 그런데 《금강경》에는 이런 구절이 무려 29회나 반복됩니다.[97] 아리스토텔레스는 현상을 흑과 백, 이분법으로 가른 후 흑과 백을 상극으로 보고 하나를 선택하도록 사고하라고 합니다. 그래서 한쪽으로 치우치게 되고 이것이 사람들이 통념에 사로잡히게 되는 원인이 되는 것입니다.

그러나 역발상의 사고는 모순을 정상으로 봅니다. 그래서 현상의 양면성을 항상 보려고 합니다. 이로움 속에 해로움이 있고 해로움 속에 이로움이 있으며, 강함 속에 약함이 있고 약함 속에 강함이 있는 것을 보는 것이죠. 한쪽 측면에서 강한 것은 다른 측면에서 약한 것이고, 한쪽 측면에서 앞서 나가는 것은 다른 측면에서 뒤처짐을 보일 수 있는 것입니다.

통념을 깨뜨리는 역발상의 사고는 바로 모순을 부정하고 서로 대립되는 것을 상생으로 만드는 것입니다. 음과 양이 합쳐 태극을 이루듯이 말입니다. 여기에 법칙 1~16이 음이고 이를 부정하는 법칙 17은 양이 되어 이들이 서로 상생해 하나의 '법칙'이 될 수 있는 것입니다.

인간은 마음 밖의 존재를 인식하고, 마음으로 인식한 것을 마음 밖으로 표현하면서 세상을 살아가고 있습니다. 이 책에서는 이를 존재-인식-표현의 육면체로 나타내고 이를 마케팅 상황에 적용하여 컨셉큐빅을 제시하였습니다. 컨셉큐빅을 구성하는 '브랜드-소비자 인식-표현'은 또다시 음과 양으로 구성되는 양면성을 갖는다고 하였습니다. 제품과 상표의 양면성, 언어와 감각의 양면성, 지시와 암시의 양면성으로 구성되어 있지요. 컨셉카페 7에서 언급한 것처럼 이 책은 컨셉의 법칙이기도 하지만 중용의 법칙 또는 음양의 법칙이라 할 수 있습니다. 법칙 7 이후에도 양면성의 원칙은 계속되어 법칙 9에서 정신적 의미와 감각적 상징물의 양단을 통합하는 상징, 법칙 14에서 언어 표현에서 정확성과 공유성의 상생, 법칙 15에서 지시와 암시의 상생, 법칙 16에서 개인적 욕구와 사회적 욕구의 양면성, 그리고 법칙 17에서는 법칙에 의한 사고와 이를 부정하는 역발상적 사고 간의 상생을 다루었습니다.

이렇게 세상사를 양면성으로 보는 것이 지혜입니다. 미국에서 오랫동안 철학을 가르쳤던 성균관대 전헌 교수는 이렇게 말합니다. 동아시아는 원래 '짝 문화'였는데 짝 문화는 잊혀지고 '쪽 문화'가 되었다는 겁니다.[98] 20세기 들어 동양은 서양의 과학을 배우고 도입하면서 아리스토텔레스 사고의 지배를 받았습니다. 아리스토텔레스 논리학의 기초가 되는 모순율을 모든 지식 탐구의 기본 원칙으로 하다 보니, 둘 중 하나를 선택하게 되고 그래서 '짝 문화'를 버리고 '쪽 문화'로 바뀐 것입니다. 그래서 공자의 '중용의 원칙' 또는 '집기양단의 원칙'을 되찾아야 합니다.

비트겐슈타인은 논리학을 완성했다고 자부하면서 그의 책《논리철학 논고》를 "말할 수 없는 것에는 침묵해야 한다"라는 문장으로 호기 있게 끝냅니다. 컨셉카페 14에서 논의한 것처럼 비트겐슈타인의 '말할 수 있는 것'에서 말은 이상언어를 말하죠. 언어를 이렇게 협소하게 제한하는 것은 아리스토텔레스에서 시작되었습니다. 아리스토텔레스가 창시한 논리학에서 사용하는 언어가 바로 '지시'하는 언어입니다. 그래서 논리학에서는 하나의 단어가 동시에 여러 사물을 지시하거나 지시하는 것이 분명하지 않으면 참과 거짓의 판단을 어렵게 합니다. 법칙 4와 컨셉카페에서 이야기한 것처럼 언어는 지시와 묘사뿐 아니라 상징과 암시를 통해 인식에 영향을 주어 현실을 창조하고 있습니다.

아리스토텔레스는 이런 언어의 창조적 기능을 보지 못하고 있습니다. 생활의 언어가 아닌 지식 탐구를 위한 언어에 치중했기 때문입니다. 그리고 지식도 언어로 표현 가능한 지식만 있는 것은 아닙니다. 오늘날 지식경영에서는 언어로 표현 가능한 형식지도 중요시하지만 언어로 표현되지 않는 암묵지도 중요시하고 있습니다. 암묵지가 결국 형식지로 되기 때문에 양자는 상생해야 합니다.

비트겐슈타인이나 아리스토텔레스의 세상사에는 상징이나 예술과 종교는 없고 과학만 존재하는 삭막한 인간의 삶이 연상됩니다. 상징이나 예술을 철학에서 제거하는 전통은 플라톤에서 시작됩니다. 플라톤은 시가詩歌를 받아들인다면 이성 대신 즐거움이나 괴로움이 왕 노릇을 하게 된다고 하면서 이상국가에서는 시인을 추방해야 한다고 했지요.[99] 시인은 바로 상징의 세계를 창조하는 사람입니다. 플라톤에게는 상징이나 예술은 마치 잡담처럼 의미가 없으니 이런 사람들을 제거해야 한다는 것입니다.

그러나 세상사는 수학이나 과학과 같은 이성으로만 채워지지 않는 상상 또는 상징의 세계도 필요합니다. 그것이 한편으로는 인식의 한계를 극복하는 방법이기도 하지만 보이지 않는 정신적 세계를 지향하는 인간의 욕구에 기인한 것이죠. 이런 상징에 대한 믿음으로 인간은 안락과 위로를 얻고 그래서 세상사가 더 풍요로워질 수 있는 것입니다. 비트겐슈타인이나 아리스토텔레스가 바라보는 세상사에 대한 생각은 플라톤을 계승한 것이죠.

플라톤과 아리스토텔레스는 서양인의 사고를 거의 2,500년 동안 지배해온 철학자입니다. 서양인은 아직도 그들이 제시한 진리관, 언어관, 인간관으로 사고하고 있습니다. 플라톤은 감각은 믿을 것이 못 되고 이성이 감성을 지배해야 한다고 말합니다. 아리스토텔레스가 창시한 논리학은 이성학을 말합니다. 이성 중심의 이 둘의 철학은 인간의 모습을 협소하게 그리고 있기에 그런 철학으로 세상사를 이해할 때는 많은 제약요소로 작용합니다.

아리스토텔레스는 인간은 이성적 동물이라고 말했습니다. 그러나 이는 보통의 인간에 적용되는 말이 아니고 수학자나 과학자에게 적용되는 말입니다. 보통의 인간은 이성보다 감성이 더 많이 지배하고 있습니다. 보통의 인간은 이성적이 아니지만 이성적이어야 한다는 것은 당위론입니다. 현실은 그것이 아니라는 점이 확실하지만 플라톤과 아리스토텔레스 철학의 영향 하에 있는 서양의 학문은 당위론을 현실론으로 착각하고 있는 것입니다. 그래서 경제학에서는 인간을 합리적 인간으로 가정하고 있습니다. 이런 가정을 비판하고 나선 행동주의 경제학도 컨셉카페 14에서 언급한 것처럼 합리주의적 인간관이 현실론이 아닌 당위론이라는 점을 근본부터 비판하지 않은 채 보통의 인간은 합리적이 아니라는 것을 보여주는 많은 연구를 하고 있습니다.

앞서 설명한 존재-인식-표현이란 육면체는 8개의 셀cell을 갖고 있습니다. 8개의 셀 중에서 플라톤과 아리스토텔레스 철학이 접목할 수 있는 부분은 많아야 둘이고, 극단적으로 말하면 하나에 그치게 됩니다. 이는 대상-언어-지시로 구성된 하나의 셀이죠. 본문에서 객관주의와 과학지상주의의 동굴에서 벗어나자고 했는데 이 동굴은 2,500년 전의 플라톤과 아리스토텔레스가 만든 것입니다. 세상사를 감각이 제거된 이성으로만 인식하고, 비유와 상징이 없이 이성의 언어로만 표현하려는 좁은 관점에서 벗어나야 세상사를 하나의 셀이 아닌 8개의 셀로 볼 수 있습니다.

이것이 전부가 아닙니다. 존재-인식-표현으로 구성된 육면체에 결정적으로 빠진 것이 있습니다. 육면체가 하나가 아니라 둘이라는 점입니다. 마케팅에 적용하면 하나는 소비자의 컨셉큐빅이고 다른 하나는 마케터의 컨셉큐빅입니다. 소비자가 인식한 것을 표현하고, 마케터는 소비자가 표현한 것을 다시 인식해서 이를 구현 · 표현하는 것이 소비자와 마케터 간의 소통이며 이를 두 개의 컨셉큐빅으로 나타낼 수 있습니다. 세상사로 보면 두 개의 큐빅이 인간관계이고 인간관계에서 바람직한 규범을 정하는 것이 윤리입니다.

컨셉카페 16에서 언급한 《도덕감정론》에서 애덤 스미스는 윤리의 원칙이 인간의 동감이라고 주장하였습니다. 그런데 애덤 스미스보다 훨씬 전에 동감이 윤리의 원천임을 밝힌 동양의 사상가가 공자입니다. 컨셉카페 1에서는 공자가 컨셉과 같은 의미로 일이관지를 사용하였다고 하였습니다. 아울러 공자는 자신의 사상인 일이관지가 무엇인가를 《논어》에서 밝히고 있는데, 그것은 '충서忠恕'

恕'입니다. 충忠이란 가운데 중中과 마음 심心이 합쳐진 말로 '진심' 또는 '정성'이라는 의미를 갖습니다. 서恕란 같을 여如와 마음 심心이 합쳐진 단어로 이를 풀어 쓰면 '같은 마음'이 됩니다. 따라서 공자의 핵심 사상, 즉 일이관지는 충서로 '진심으로 남과 같은 마음이 돼라'는 의미입니다. 요즈음 이야기하는 동감同感 또는 공감共感과 같은 것입니다.

인간관계에서도 모든 문제는 '진심 어린 동감'의 결여에서 비롯됩니다. 그런데 이런 동감의 결여가 상호 간 인식-표현에서 문제가 됩니다. 나의 인식과 너의 인식이 같지 않아 상대방이 표현한 것을 제대로 인식하지 못하는 데서 생기는 것입니다.

마케팅도 소비자와 마케터 사이에 진심 어린 동감의 결여가 문제가 됩니다. 여기서 소비자의 인식과 마케터의 인식은 같아야 하지만 같지 않은 경우가 대부분입니다. 그래서 마케팅에서 가장 큰 과제는 이런 인식의 비대칭(불일치)을 알아채고 이를 얼마나 잘 해결하느냐에 달려 있습니다. 이런 양자의 인식의 비대칭(불일치) 문제는 공자의 충서 즉, 동감의 원칙에서 찾아야 합니다. 또 다른 중용, 집기양단의 원칙이 인간관계에서는 동감이 됩니다.

공자는 "세상사에 통달한 사람은 남의 말을 살피고 표정을 잘 관찰하여 사려 깊게 남에게 자신을 낮춘다"고 했습니다(察言而觀色 慮以下人).[100] 진심 어린 동감은 남의 언어와 표정을 살펴서 인식하고 자신을 낮춰 상대방의 눈높이로 표현하는 사람입니다. 사람을 이해한다는 말은 영어로 understand입니다. 바로 아래에 선다는 의미로 이는 남에게 자신을 낮춘다는 공자의 여이하인虑以下人이란 말과 같습니다. 마케팅에 통달한 사람도 마찬가지입니다.

공자는 인식을 위해 "말도 살피고 표정도 살펴라"고 했는데 이 말을 표현의 관점에서는 "말로 표현할 수 없는 것은 말 이외의 다른 수단으로도 표현해야 한다"는 의미로도 해석할 수 있습니다. 앞서 비트겐슈타인과는 반대되는 이야기를 한 셈이죠. 물론 비트겐슈타인은 과학을 말하려 했고 공자는 세상사를 말하려 했기 때문에 서로 입장이 다르지요.

사람의 감정은 말로는 다 표현할 수 없습니다. 그러나 말할 수 없어도 많은 것을 보여줄 수 있죠. 인간의 의사소통도 언어적인 것보다 비언어적인 것이 더 중요한 경우가 많습니다. 최근에《잡담이 능력이다》라는 책에서, 우리는 모든 대화에서 심각한 내용이 있어야 하는데 그럴 필요 없다는 것이죠.[101] 내용보다도 그냥 네가 좋아 너와 동감(정신적 의미)하고 싶다는 상징적 표현이 잡담인 것이죠.

세상사를 감각이 제거된 이성으로만 인식하고, 비유와 상징이 없이 이성의 언어로만 표현하려는 좁은 관점에서 벗어나야 세상사가 보이는 것이죠. 세상사 양면성을 보고 인간관계에서 또 다른 양면성인 동감의 원리를 보아야 합니다. 공자처럼 세상사를 넓게 보면 세상사도 마케팅과 크게 다르지 않습니다. 그래서 세상사가 마케팅이고 컨셉인 것입니다.

이 책의 내용은 하나의 건축물처럼 일관적 틀에 의해 구성되었습니다. 그래서 법칙이나 컨셉카페에서 부분적으로 설명된 것을 모아 그리면 전체 내용은 다음과 같이 요약할 수 있습니다.

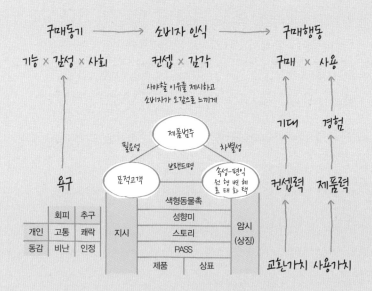

컨셉카페 0에서 쇼펜하우어가 모든 행동에는 동기가 있고 이를 매개하는 것이 인식이라고 하였습니다. 그래서 마케팅 상황에서는 동기는 구매동기, 행동은 구매행동, 인식은 소비자 인식이 된다고 하였죠. 그리고 컨셉은 소비자에게 사야 할 이유를 제시하는 것이라 하였습니다. 이를 법칙 3의 오감으로 느끼게 하라와 결합시키면 "사야 할 이유를 제시하고 오감으로 느끼게 하는 것"이라 할 수 있습니다.

컨셉카페 16에서 설명한 것처럼 인간의 욕구에는 개인적인 욕구와 사회적 욕구(동감하려는 욕구)가 있다고 하였는데 이런 욕구가 제품 구매를 고려하는 상황에서는 기능적 동기(고충 해결), 감성적 동기(쾌락 추구) 그리고 사회적 동기(동감 추구)로 구체화됩니다. 이런 구매동기는 하나가 아니고 복합적으로 나타나는데 곱하기 표시는 이를 나타냅니다. 컨셉이 이런 구매동기를 자극하여 사야 할 이유를 제공해주는 것이죠.

가운데의 집 모양처럼 생긴 것은 상층의 지붕과 이를 지탱하는 기둥으로 되어 있습니다. 이는 바로 감각과 컨셉이 결합하여 나타나는 소비자 인식을 나타냅니다. 지붕은 브랜드의 필요성과 차별성을 언어로 나타낸 컨셉 부분이고 아래는 이를 구현한 감각 부분에 해당됩니다. 감각 부분을 더 자세히 살펴보면 법칙 10과 컨셉카페 10에서 설명한 색형동물촉와 성향미로 구분하였습니다. 법칙 11과 컨셉카페 11에서 설명한 것처럼 브랜드 스토리(이야기)는 상상을 통해 감각을 자극하기 때문에 감각과 같은 것으로 간주하였습니다. 그리고 법칙 8에서 제품요소를 더 세분화한 PASS는 Performance(성능), Appearance(외관), Supplement(부가물) Smart Process(스마트 프로세스)의 약자입니다.

구매행동은 구매와 사용 단계로 구분할 수 있습니다. 구매단계에서는 법칙 5에서 언급한 것처럼 소비자의 기대를 높여야 한다고 했습니다. 그리고 사용단계에서 컨셉으로 약속한 것을 충실히 제품으로 뒷받침해서 고객을 만족시켜야 지속적인 구매가 일어난다고 법칙 6과 컨셉카페 6에서 언급했습니다. 컨셉력과 제품력의 곱이 지속적 매출을 결정하지요. 애덤 스미스는 교환가치와 사용가치로 나누어 두 단계에서 가치인식의 초점이 달라진다는 것을 설명했습니다.

본문에서 설명한 컨셉큐빅은 가운데 집 모양의 그림에 통합되어 있습니다. 우선 인식을 나타내는 컨셉과 감각은 지붕과 토대로 구성되어 있죠. 토대의 하단에는 브랜드를 구성하는 제품과 상표로 나누었습니다. 그리고 양 기둥에는 지시와 암시(상징)로 구성된 표현과 구현 방법을 나타냈습니다. 법칙 5, 법칙 9, 그리고 법칙 15에서 지시와 암시(상징)에 대해 구체적인 예를 제시하였습니다.

1 《충족이유율의 네 겹의 뿌리에 관하여》, 쇼펜하우어 지음, 김미영 옮김, 나남출판사, 2010, p.69-71.

2 니체의 이 유명한 말은 《우상의 황혼》에 나온다. "왜 사는지를 아는 사람은 어떤 고난도 이겨낼수 있다(The man who has a why to live for can bear any how)." 《우상의 황혼 외》, 프리드리히 니체 지음, 송무 옮김, 청하, 1984, p.22.

3 소비자에게 컨셉을 표현하는 경우에 상징적 표현을 사용하지 않고 사실적으로 묘사하는 경우 제품컨셉이 바로 브랜드컨셉이 된다. 앞에서도 이야기한 것처럼 물리적 제품과 브랜드(상표)는 서로 연결되고 중첩되어 있어 명확히 구분하기 어렵다.

4 《플라톤의 국가·政體》, 플라톤 지음, 박종현 옮김, 서광사, p.385.

5 《이거희 에세이· 생가 좀 하며 세상을 보지》, 이긴희 지음, 동아일보사, 1997, p.34-35.

6 같은 책 p.264.

7 중국 유학자 주돈이(1017~1013)가 음양과 태극을 설명할 때 사용한 용어다.

8 《Principia Managementa》, 윤석철 지음, 경문사, 1991, p.18-29.

9 여기에는 《체험마케팅》의 저자 번트 슈미트, 《감성브랜딩》의 저자 마크 고베, 그리고 《오감브랜딩》의 저자 마틴 린드스트롬 등이 있다. 《Experiential Marketing》, Bernd H Schmitt, New York: Free Press, 1990. 《Emotional Branding :The New Paradigm for Connecting Brands to People》, Marc Gobe, New York: Allworth Press, 2001. 《Brand Sense: Build Powerful Brands through Touch, Taste, Smell, Sight and Sound》, Martin Lindstrom, New York: Free Press, 2005.

10 《순수이성비판》, 칸트 지음, 최재희 옮김 박영사, 2005, p.55. 원문의 오성(悟性)은 지성(知性)으로 바꾸었고 문장도 매끄럽게 다듬었음.

11 버틀런드 러셀이나 찰스 샌더스 퍼스 같은 실재론자들은 시간과 공간이 감성의 형식이라는 칸트의 주장을 받아들이지 않고 공간과 시간은 외부에 실재한다고 보고 있다. 따라서 실재론자들은 감각

과 직관을 구분하지 않는다.

12   칸트는 12개의 판단 종류에 따른 범주표(범주목록)를 제시한다. 이 중 몇 가지 예를 들면, 전칭판단(모든 A는 B이다), 특칭판단(약간의 A는 B이다), 단칭판단(이 A는 B이다), 긍정판단(A는 B이다), 부정판단(A는 B가 아니다), 가언판단(만약 A가 B이면, C는 D이다) 등이 있다.

13   《의지와 표상으로서의 세계》, 쇼펜하우어 지음, 홍성광 옮김, 을유문화사, 2009, p.12, p.27.

14   《제주 올레 여행: 놀멍 쉬멍 걸으멍》, 서명숙 지음, 북하우스, p.39-40. "놀멍 쉬멍 걸으멍"은 "놀며, 쉬며 걸으며"의 제주 사투리다.

15   《철학과 굴뚝 청소부》, 이진경 지음, 그린비, 2005, p.267-268.

16   칸트는 논리학적 체계에 지나치게 신경을 쓴 나머지 아리스토텔레스의 범주에 집착했다. 그는 아리스토텔레스의 10개 범주를 12개로 재편하면서 완벽한 체계를 구축했다고 자신만만하게 말했다. 그러나 칸트가 내세운 12개 범주로 인식 능력이 완전히 설명될 수 있는지에 대해 의문을 품는 학자들도 많다.

17   언어적 전회(linguistic turn)는 오스트리아의 구스타프 베르크만(G. Bergman)이 과학적 탐구에서 차지하는 언어의 중요성을 강조하기 위해 사용한 말이지만 철학자 리처드 로티(Richard Roty)가 20세기 언어철학의 중요한 논문을 편집한 책의 이름으로 사용되면서 널리 쓰이게 되었다. 《역사학의 철학》, 이한구 지음, 민음사, 2007, p.93.

18   《행복에 걸려 비틀거리다》, 대니얼 길버트 지음, 서인국 외 옮김, 김영사, 2006, p.120-125.

19   《철학적 탐구》, 비트겐슈타인 지음, 김양순 옮김, 동서문화사, 2008, p.388-391.

20   2013년 7월에 1호점을 개점한 이래 동년 9월, 11월에 각각 2, 3호점을 개점하여 2014년 5월까지 3개 매장을 운영하고 있다.

21   "Try It, You'll Like It: The Influence of Expectation, Consumption, and Revelation on Preferences for Beer,", Leonard Lee, S. Frederick, and D. Arley, *Psychological Science*, 2006, Vol.17, No 12, p.1054-1058.

22   "Marketing Actions can Modulate Neural Representations of Experienced Pleasantness," Plassmann, H. J. O'Doherty, B. Shiv and A. Rangel, *Proceedings of the National Academy of Sciences*, 2008, p.105, p.1050-1054

23   《장사의 신》, 우노 다카시 지음, 김문정 옮김, 쌤앤파커스, 2012, p.175.

24   르네 마그리트는 '이미지의 배반'이란 제목의 작품에서 파이프를 그려넣은 그림 아래에 "이것은 파이프가 아니다"라고 써놓았다. 이 그림은 파이프의 도상기호이지 진짜 파이프가 아니라는 의미이다. 이것이 진짜 파이프를 대신하는 무엇 이외에 다른 의미를 갖지는 않는다.

25   "Meaningful Brands from Meaningless Differentiation", Gregory S. Carpenter, G. S. Rashi Glazer and Kent Nakamoto, *Journal of Marketing Research*, 1996, Vol. 31(August), p.339-359.

26   철학용어로 감각의 복합체로서 머릿속에 그릴 수 있는 외적 대상의 상을 말한다. 보통 이미지라

한다.

27   '듣기 좋은 소음' 찾아라… 기업들 '소리경영', 〈조선일보〉 2007년 1월 23일.

28   상표법에서 '상표'란 타인의 상품과 식별하기 위해 사용하는 '표장'을 말한다. 여기에는 기호·문자·도형, 입체적 형상 또는 이들을 결합하거나 이들에 색채를 결합한 것 등이 있다.

29   브랜드가 세 가지 의미를 갖는 것은 언어가 사물과 사물에 대한 인간의 이미지를 매개하는 중간적 성격을 갖기 때문이다. 이에 대하여는 이 책 컨셉카페 14의 '언어의 두 측면 ② : 사물과 표상'을 참조하라.

30   勝兵先勝而後求戰, 敗兵先戰而後求勝.

31   동영상 참조 http://www.youtube.com/watch?v=HZl2Y5wX_zk

32   "Eager Sellers and Stony Buyers", Gourville, John T., Harvard Business Review, June 2006, p.99-106.

33   거래 비용(transaction cost)은 경제학자 로널드 커즈(Ronald Coase)가 주장한 거래 비용 이론에서 나왔다. 기업은 시장에서 필요한 자원을 구매할 수 있지만 이 경우에는 거래 비용이 너무 많이 발생한다. 그래서 커즈는 필요한 자원을 내부에서 조달하면 거래 비용을 줄일 수 있고 이런 이유로 기업이 만들어졌다고 했다. 이때 거래 비용은 기업이 지불하는 비용이지만 여기서는 고객이 지불하는 비용을 말한다.

34   "Marketing Success Through Differentiation of Anything," Theodore Levitt, Harvard Business Review, January/February, 1980, p.83-91.

35   《움프쿠아처럼 체험을 팔아라》, 레이 데이비스·알란 샤더 옮김, 유영희 옮김, 파인트리, 2008, p.22-23.

36   같은 책, p.25.

37   《1등 기업을 무너뜨린 마케팅전략 33》, 크라우스 슈메 지음·박규호 옮김, 21세기북스, 2005, p.186-191.

38   첨단 럭셔리 대형세단 《K9》 탄생, http://www.tagstory.com/video/100431603

39   앞의 자료.

40   "중저가 이미지 탓?…한 달 700대 'K9의 굴욕'", 〈한겨레신문〉, 2012년 10월 4일.

41   《도덕감정론》, 애덤 스미스 지음, 박세일·민경국 옮김, 비봉출판사, 2009, p.91-92.

42   새누리당도 정강·정책 없이 당의 상징만 먼저 바꾼 경우였지만 2013년 대선을 치르면서 국민행복이라는 컨셉이 대선 공약으로 나왔고 이것이 유권자에게 이전과는 다른 정강·정책의 변화로 인식되었다. 상징이 먼저 변화하고 나중에 정강·정책이 변한 것이지만 대선 투표 시점에서는 상징과 정강·정책의 유리가 덜 심각한 문제가 되었다.

43   《인간이란 무엇인가》, 에른스트 카시러 지음, 최명관 옮김, 1988, p.50, p.95.

44 　로마 교회를 수식하는 catholic이라는 단어는 '모든 곳에 있는, 보편적인'이라는 의미를 지닌 그리스어 katholikos에서 유래했다.

45 　《세계 최고 브랜드에게 배우는 오감브랜딩》, 마틴 린드스트롬 지음, 최원식 옮김, 랜덤하우스중앙, 2006, p.256-299.

46 　《인문학의 구조 내에서 상징형식 개념 외》, 에른스트 카시러 지음, 오미향 옮김, 책세상, 2002, p.120.

47 　비잔틴제국(동로마제국을 계승한)의 비잔틴 교회에서는 성상은 우상 숭배라고 로마 교회를 비난하였고 급기야는 726년에 비잔틴 황제의 명령으로 성상 금지를 지시한다. 당시 로마 교회는 비잔틴 교회의 영향력 하에 있었지만 성상 금지에 반발하면서 기독교는 동서 교회로 분열하게 되었다. 비잔틴 교회는 동방정교(Orthodox church)로, 로마 교회는 가톨릭 교회(Catholic church)로 분리된다.

48 　'여자들 핸드백 속 요놈 작년 3,200억 팔린 효녀', 〈중앙일보〉, 2014년 6월 16일.

49 　《오감브랜딩》, 마틴 린드스트롬 지음, 최원식 옮김, 랜덤하우스중앙, 2006, p.145-146.

50 　《충족이유율의 네 겹의 뿌리에 관하여》, 쇼펜하우어 지음, 김미영 옮김, 나남출판사, 2010, p.78-82.

51 　'듣기 좋은 소음 찾아라… 기업들 소리경영', 〈조선일보〉, 2007년 1월 23일.

52 　《마케팅, 온몸을 공략하라》, 베르틸 홀텐 외 지음, 정용숙 옮김, 비즈니스 맵, 2010, p.84-85, p.99-100.

53 　《세계 최고 브랜드에게 배우는 오감브랜딩》, 마틴 린드스트롬 지음, 최원식 옮김, 랜덤하우스중앙, 2006, p.38-39.

54 　눈을 감은 상태에서 코를 막지 않고 커피를 시음하면 90퍼센트 이상의 피실험자가 알아맞혔지만 코를 막고서는 단지 5퍼센트 이하의 피실험자만 커피라는 것을 알아맞힐 수 있었다. 《감각과 지각》, 브루스 골드스타인 지음, 정창섭 외 옮김, 시그마프레스, 1999, p.508-509.

55 　'코카콜라 병 속 톡 쏘는 이야기', 〈중앙일보〉, 2014년 2월 7일.

56 　《충족이유율의 네 겹의 뿌리에 관하여》, 쇼펜하우어 지음, 김미영 옮김, 나남출판사, 2010, p.79.

57 　《감각과 지각》, 브루스 골드스타인 지음, 정창섭 외 옮김, 시그마프레스, 1999, p.466-477.

58 　《마케팅, 온몸을 공략하라》, 베르틸 홀텐 외 지음, 정용숙 옮김, 비즈니스 맵, 2010, p.121.

59 　《시나리오 어떻게 쓸 것인가?》, 로버트 맥기 지음, 고영범 · 이승민 옮김, 황금가지, 2002, p.76.

60 　같은 책, p.290-291.

61 　인지심리학에서 특정 메시지에 대한 소비자의 부정적 반응을 반박적 주장(counter-argumentation)이라고 한다.

62 　미국의 32대 대통령에 취임한 루스벨트 대통령은 자신의 뉴딜정책을 라디오를 통해 국민 누구나가 이해할 수 있도록 쉬운 말로 상세하고 구체적으로 설명하였다. 이를 통해 대공황의 불안에 떨고

있던 국민들을 다독거리고 안심시켰다. 난롯가에 대통령과 국민이 둘러앉아 국정 현안과 새 정책에 대해 친근하게 직접 대화를 나눈다 해서 프로그램 명칭을 '노변정담(firesides chats, 爐邊情談)'으로 정했다. 노변정담은 비정기적으로 수개월간 진행됐고 국민의 호응도 컸다. 자신에게 적대적이던 언론과 의회를 극복하는 효과도 제공했다.

63   《시나리오 어떻게 쓸 것인가?》, 로버트 맥기 지음, 고영범 · 이승민 옮김, 황금가지, 2002, p.216.

64   "Using Drama to Persuade", J. Deighton, D. Romer and J. McQueen, *Journal of Consumer Research*, Vol. 16(December), 1989, p.335–343.

65   "Why Fiction May Be Twice as True as Fact: Fiction as Cognitive and Emotional Simulation", Keith Oatley, *Review of General Psychology*, 1999, Vol. 3 No. 2, p.101–117.

66   "The Role of Transportation in the Persuasiveness of Public Narratives", Green M. C. and T. C. Brock, *Journal of Personality and Social Psychology*, 2000, Vol. 79, 5, 710–727.

67   이 구분은 다음의 KT경제경영연구소 보고서를 따랐음. 〈브랜드에 생명을 불어넣는 스토리텔링 마케팅〉, 곽진민 · 이은미 지음, 디지에코, 2009년.

68   《The Mabelline Story》, Sharrie Williams, Bettie Youngs Book Publishers, 2010.

69   '이 소리가 아닙니다, 국민 진해거담제 용각산', 〈한국경제신문〉, 2011년 4월 12일.

70   1997년 출시한 아모레퍼시픽 화장품 '설화수'의 2012년 매출액은 8,000억원으로 '후'보다 많지만 '후'는 2003년 출시되었다. '설화수'는 아모레퍼시픽 화장품 매출액의 3분의 1을 차지하는 주력 브랜드다.

71   《마케팅, 온몸을 공략하라》, 베르틸 홀텐 외 지음, 정용숙 옮김, 비즈니스 맵, 2010, p.282–285. "The Politics of Good Taste: Whole Foods Markets and Sensory Design", Adam Mack, *Senses and Society*, 2012, 7(1), p.87–94.

72   'Food Porn', 〈포브스〉, 2005년 2월 14일.

73   《세계 최고 브랜드에게 배우는 오감브랜딩》, 마틴 린드스트롬 지음, 최원식 옮김, 랜덤하우스중앙, 2006, p.248.

74   '향기로 만나는 기아차 오감마케팅', 〈서울경제신문〉, 2013년 10월 28일.

75   《마케팅, 온몸을 공략하라》, 베르틸 홀텐 외 지음, 정용숙 옮김, 비즈니스 맵, 2010, p.99–100.

76   BI란 제품의 특성을 시각적으로 디자인해 다른 브랜드와 차별화하려는 브랜딩 작업 중에서 상표의 서체, 색채, 형태와 같은 요소를 하나로 통일하는 것을 의미한다. 이에 대해 기업 이미지 통일화 작업을 CI(Corporate Identity)라 한다. POP는 Point Of Purchase의 약자로 구매 시점을 의미한다. 이는 소매점 진열대와 같이 소비자와 접촉하는 장소에서 하는 광고를 의미한다.

77   《스틱: 1초 만에 착 달라붙는 메시지, 그 안에 숨은 6가지 법칙》, 칩 히스 · 댄 히스 지음, 안진환 · 박슬라 옮김, 웅진윙스, 2009, p.91–95.

78   《니코마스 윤리학/정치학/시학》, 아리스토텔레스 지음, 손명현 옮김, 동서문화사, 2007, p.574, p.578.

79 《말의 힘: 언어철학》, 이규호, 좋은날, 1998, p.98-108.

80 《컨테이저스: 전략적 입소문》, 조나 버거 지음, 정윤미 옮김, 문학동네, 2013, p.316-319.

81 자사가 개발한 차별화된 기술을 강조하기 위해 기술언어를 사용할 수도 있다. 그러나 이것이 성공하려면 많은 마케팅 비용을 들여 그 기술언어를 소비자에게 교육시켜야 한다. 이런 소비자 교육에 드는 비용을 감수한다면 차별화된 기술언어를 사용하는 것도 좋은 전략이다. 이런 이유로 LG는 국내에선 IPS를 사용한다.

82 《도덕감정론》, 애덤 스미스 지음, 박세일 · 민병국 옮김, 비봉출판사, 1996, p.121.

83 Wikipedia, "Dove Campaign for Real Beauty"

84 《도덕감정론》, 애덤 스미스 지음, 박세일 · 민병국 옮김, 비봉출판사, 1996, p.212, p.217.

85 같은 책, p.29

86 같은 책, p.14.

87 같은 책, p.92.

88 《관찰의 힘》, 얀 칩체이스 사이먼 슈타인하트 지음, 야나 마키에이라 옮김, 위너스북, 2013, p.252-262.

89 《사기열전》, 사마천 지음, 김원중 옮김, 민음사, 2007, p.784-788.

90 《장사의 신》, 우노 다카시 지음, 김문정 옮김, 쌤앤파커스, 2012, p.100-135.

91 JTBC 다큐쇼 "이봉원 장사의 신을 만나다" 2014년 3월 22일.

92 《1등 기업을 무너뜨린 마케팅전략 33》, 크라우스 슈메 지음, 박규호 옮김, 21세기북스, 2005.

93 《전략의 적은 전략이다》, 리처드 루멜트 지음, 김태훈 옮김, 생각연구소, 2011, p.35-41.

94 《1등 기업을 무너뜨린 마케팅전략 33》, 크라우스 슈메 지음, 박규호 옮김, 21세기북스, 2005.

95 "Pioneer Advantage: Marketing Logic or Marketing Legend?", Golder, Peter N. and Gerald Tellis, Journal of Marketing Research, 2003, Vol. 30(May), p.158-170.

96 "How the Weak Win Wars: A Theory of Asymmetric Conflict," Ivan Arreguin-Toft, International Security, 2001, Vol. 26(1), p.93-128. 《다윗과 골리앗》에서 재인용, 말콤 글래드웰 지음, 선대인 옮김, 2014, p.35-36.

97 《대승경전과 선》, 김호성, 민족사, 2002, p.48-55.

98 '하늘과 땅, 마음과 몸 ⋯ '짝'의 문명, '쪽'으로 잊혀졌다', 〈중앙일보〉, 2013년 4월 16일.

99 《국가 · 정체》, 플라톤 지음, 박종현 옮김, 서광사, p.636-639.

100 《논어》「안연」편 구절. 무릇 통달한 사람이란 바탕이 정직하여 의로움을 좋아하고 남의 말을 잘 살피고 표정을 관찰하여 사려 깊게 남보다 낮게 처신한다(夫達也者 質直而好義 察言而觀色 慮以下人).

101 《잡담이 능력이다》, 사이토 타카시 지음, 장은주 옮김, 위즈덤하우스, 2014.

세계적 히트상품 속 정교한 마케팅의 비밀 17

끌리는 컨셉의 법칙

초판　1쇄　2014년 12월 8일
　　　18쇄　2023년 2월 15일

지은이 | 김근배

발행인 | 박장희
부문 대표 | 정철근
제작 총괄 | 이정아
편집장 | 조한별

디자인 | 김아름

발행처 | 중앙일보에스(주)
주소 | (03909) 서울시 마포구 상암산로 48-6
등록 | 2008년 1월 25일 제2014-000178호
문의 | jbooks@joongang.co.kr
홈페이지 | jbooks.joins.com
네이버 포스트 | post.naver.com/joongangbooks
인스타그램 | @j__books

ⓒ 김근배, 2014

ISBN 978-89-278-0595-3 03320